聖母文庫

コルベ神父さまの思い出

セルギウス・ペシェク

聖母の騎士社

◆目次◆

◆コルベ師の思い出

◆ポーランドの思い出

コルベ師の思い出

お話のはじめに

ある日、東京から一人の女性が、私を訪ねてやって来ました。〝越えて来た道〟を読んで感動し、どうしても私に会いたくなったと云うことでした。しかし、話しを始めて行くうちに、私と云うよりはむしろ、本の中に書かれてあったコルベ神父様の、生き方について、感激したのだと云うことが、だんだんとわかってきたのでした。前作の〝越えて来た道〟には、子供の頃の懐かしい思い出と共に、恩師コルベ神父様と過ごした様々な出来事がたくさん書かれてあったからです。

私の生涯、私の人生を振り返る時、コルベ神父様の存在を切り離すことは出来ません。今こうして、ここにいること、生かされていること、総ては、コルベ神父様無しには、考えられないからです。

何百人もの修道士を集めて力を合わせ、マリア様に捧げる素晴らしい仕事を始めたコルベ神父様、私もその修道士の中の一人であったと云うことを、少し興奮ぎみの彼女の話を聞きながら、改めて思い起こしたひと時でした。

私がコルベ神父様に初めて出会ったのは、一九二七年十二月のことでした。新しい修道院を建てる為に、我家のすぐ近くにコルベ神父様と修道士たちが引っ越して来たのです。家業が大工だったので、神父様の願いにお応えして、修道院に手伝いに行くようになったのが神父様との交流の始まりでした。

ある時、神父様は私に一冊の本を下さいました。その本との出会いによって、私の召し出しは決定されたのです。今考えると、本当に大きな大きな決断だったと思います。それまでの私は、年相応の普通の若者として、遊びやいたずらに興じていました。ともすれば自分を見失ってしまいそうな、危なっかしい状態であったことも否めません。

これからお話する牧場での出来事、若くして亡くなった幼なじみのこと、悲しみや、不安に心が挫けそうな時、気が付くと、いつも母が側にいてくれたような気がします。やけを起こすこと無く、道を踏み外さずに済んだのも、母のお蔭だと思っています。

修道院に入って間もない頃、コルベ神父様は私や同期の修練者一人一人に「日記を書きなさい。霊的なメモをつけなさい。」と言って、お揃いの黒い表紙のノートを手渡して下さいました。そしてマリア様についてのお話しを聞かせて下さいました。

私はコルベ神父様のお話の後、一人きりでお祈りをしたくなって、誰もいない聖堂に行きました。神父様のお話に感激して、涙があふれ出てきたのです。どのくらい時間がたったのでしょうか、気が付くと先輩のエヴァリスト修道士が心配そうに私の側に立っていました。そして「どうしたの、何か辛いことでもあったのですか?」とやさしく声をかけてくれたのです。落ち着きを取り戻してから私はこの先輩修道士に、言いました。「修道生活が辛くなって泣いているのではありません。私は良い修道士になりたいのです。どうか私に霊的な指導をして下さい。お願いします。」

今まで、修道生活を辞めようと思ったことは、一度もありません。この人生を振り返って見た時、陰で支え、常に祈ってくれていた母のこと、一緒に過ごした時間はわずかでしたが、修道生活の右も左もわからない私を暖かく見守ってくれたやさしいエヴァリスト修道士の存在を忘れることは出来ません。そして、昔も今も変わることなく、常に私を護り、導いて下さっているコルベ神父様の大きな愛を忘れる訳には行かないのです。

コルベ神父様は日本を去る日、悲しみに打ち沈んでいる私の心を察して下さったのでしょう、このようにおっしゃいました。「子供よ、私がこの日本と云う国をどれほど愛しているか、おわかりですか？　この国に生涯を捧げたいと思っていたのです。どうぞ私の代わりに日本に残って下さい。そして多くの霊魂を救うためにあなたの生涯を捧げてください。」

悲しみをこらえて、「はい！」と私は返事をしたのでした。

コルベ神父様と交わした、この約束があったからこそ、私は今日まで頑張ることが出来たのだと思います。

多くの人々に助けられ、支えられ、また励まされて、脇目もふらずにひたすら歩き続けた私の生涯も、そろそろ終わりに近づこうとしています。私の人生は、良いものであったでしょうか？　良くないものであったでしょうか？　今からそれを辿ってみたいと思います。

幼い頃

私が生まれたポーランドという国は、今でも殆どの人がカトリックの信仰を持っています。そのような環境で育ったからでしょうか、私も小さい頃からとても熱心にお祈りをし、家族と一緒に教会へ通うのが大好きな子供でした。と言っても、いたずら者だった私は、いつも父に怒られていましたし、性格も頑固ですぐに興奮しやすかったからでしょうか、初聖体前の勉強を一緒に受けた二十五人の子供の中で、ただ一人、私だけが一年間保留されると云う有様でした。よほど手におえない、いたずら坊主だったのでしょう。

少し話はそれてしまいますが、人間の性格と云うものは、結局あまり変わるものでは無いように思えます。何故ならば私は修道院に入ってからも、そして長い人生経験を重ねても、やっぱり相変わらず頑固者だからです。勿論、常に心がけることや努力することで、変えることも出来るとは思いますが…

そのような訳で、初聖体は八歳になってからでした。待ちに待ったその日、教会の神父様から、記念のロザリオをいただいて家に帰って来ますと、母は私の為に、喜びの七つのコンタツ用意していてくれました。そして修道院に入った時、コルベ神父様も「毎日唱えなさい。」とロザリオを下さったのでした。人生を振り返り、思い起こす時、神様は私に、やっぱりこの道を少しずつ、お示し下さっていたのだと、思われてなりません。

小学校三年生の頃だったと思いますが、学校で日本〝ヤポーニャ〟の歴史について学んだ時のことです。子供だった私には、何故だか〝ヤポーニャ〟の響きがヤブコ（リンゴ）に似ていると感じられたのでした。日本はリンゴの国、面白そうな国、行ってみたいな！と思ったことを今でもはっきりと覚えています。そして、日本は桜の花咲く国だと教えてもらったことも、子供心に強く印象に残っていました。何故ならば、私の家にもたくさんの桜の木があり、毎年美しい花を咲かせて、おいしいサクランボを、いっぱいの実らせたからです。おそらくあの頃から、私は日本へ来ることが決まっていたのではないでしょうか。

家族について

私が生まれたのは一九〇七年の七月十四日です。何でも知りたがり、常に好奇心でいっぱいの私は、ある日母に「僕は生まれたのは何時?」と訊いたことがありました。すると「朝の六時ですよ。」と、その日の出来事を話してくれました。私が生まれたその時期は、ちょうど麦刈りの季節だったので、母は私を生んだその日、昼からはもう起きて仕事をしに畑へ出ていたと云うのです。物心ついた時にはすでに足の悪かった母でしたので、この話を聞かされた時には大変驚きました。いかに母が働き者で、気丈な女性であったかを、お分かりいただけると思います。もっとも、忙しい麦刈りの仕事は、夫婦二人で協力しない訳には、行かなかったのでしょう。この話を聞かされた時、私はとても感動して、以前よりももっと、母が好きになりました。

私が四歳の時に父は、それまで住んでいたクラブカという田舎の土地を売って、ポーランドの首都ワルシャワの郊外にある、パプロトニアという町に、今までの倍以上の広さの土地を買い求めました。そこに家を建て、私たち家族は、引っ越すことになりました。

当時私の家は八人家族でした。（兄と妹を亡くしていたので。）両親と姉妹三人、兄が二人で、私は男の子供の中では一番下で、末っ子みたいなものでした。父の名前はラウレンチ、母はマルチャンナで、兄弟の名前は上から、スタニスワフ、フランチェスカ、ゾフィア、ヨゼフ、ボレスアヴァ（私）、ブロニスワヴァでした。ちょうど二歳づつ年の離れた、とても仲の良い兄弟姉妹でした。

腕白でしたが、人を笑わせることが大好きだった私は、いつも家族中の人気者でした。しかし身体は弱く、たびたび病気で倒れるような子供でもありました。心配だったのでしょうか、母は特別に私を可愛がってくれていたと、思われてなりません。

お手伝い

ポーランドの冬はとても厳しく、気温は零下三十九度にまで下がります。寒い冬の晩、甘えん坊の私は、父と母の、広くて温かいベッドの真ん中に、もぐり込んで眠ることが、大好きでした。冬が過ぎ、春が訪れると、両親は畑や倉庫の中での仕事を始めました。姉妹たちは食事の支度、部屋の掃除等、家の中のこまごまとした仕事を与えられ、私たち男の子供には畑仕事の手伝いが与えられました。兎や鶏の餌やりなどの、世話も任されていました。多い時には五十羽もの兎の世話をしていたこともありました。我が家では常時、四、五頭の牛も飼っていたので、牛乳は水がわりに飲んでいたほどです。(そのせいでしょうか、九十五歳になる現在でも、毎日牛乳は欠かさず飲んでいます。)

私たち家族は、冬を除いて、朝六時前には起きて仕事を始めていました。父は毎朝まだ暗いうちに、牛を放しに牧場まで連れて行き、兄と私は交代で牛の番をしていました。

牧場での出来事

冬でなくても、朝方はかなり冷え込みましたので、私は牛の番をしに牧場に行く時は、いつも決まって父の暖かくて大きな羊毛のオーバーを借りて着ていました。

いつもと変わらない日課、変わらないはずのその一日が、生涯忘れることの出来ない、意味深い一日になるなどとは、考えてもみませんでした。

何故だかその日はとても静かでした。牛たちはお腹が空いていたのか、一生懸命にただ黙々と、草を食べていました。

地面に座って、その牛たちをぼんやりと眺めていた時でした。あたりはとても静かで、穏やかで…そんな中を太陽は、ゆっくりと昇り始めたのでした。どうしてなのかは、今になっても解からないのですが、とても言葉では言い表せない、何とも言えない思いとともに、その光景をとても美しいと感じたのです。そして心が痺れて、今まで一度も味わったことの無いような、苦しみを感じたのでした。

数十年後、日本に移り住んでいた私は、富士山からの美しい御来光を見る機会をあたえられました。（本当に富士山からの御来光は、美しいものでした。）

その時、幼い日にポーランドで見たあの美しい日の出のことを思い出していました。三千七百メートルの高さから見た太陽と地上（ポーランド）から見た太陽は違いますが、その時私は、祖国ポーランドで見た太陽を思い出し、あの、あまりにも美しい太陽が私の人生に大きな大きな霊的な影響を与えたのだと、改めて感じることが出来たような気がしました。九十五歳になった今でも、あの日のことを思い出す時、まだ小さな子供だった九歳の頃と変わらない同じ気持ちになるのです。あの時、あまりにも美しすぎる太陽の光を見つめながら、幼い私の頭の中をいろいろな思いが駆けめぐりました。いつか必ずやって来る父や母との別れ、自分が死ぬということ、老いて行くということ。今こうして生きている自分が、この世の中から必ず消えて、なくなってしまうのだと云う絶望感に襲われて、悲しくて、悲しくて、泣いたのです。〝いやだ！　死にたくない！〟涙は嵐のようにあふれ出ていました。どうすることも出来ない虚しさに、私はただ泣くことしか出来なかったのです。泣いて、泣いて、涙が涸れるほど私は泣いたのです。

やがて涙も悲しみも、何もかもが尽き果てた時、どうしようもない虚しさの中に注ぎ込まれた、温かさ、やさしさ、…幼い子供ではありましたが、私にはその力が、どこから届けられて来たものなのかを、はっきりと感じとることが出来たと確信しています。そして気がつくと、太陽は私を照らし、いつものように輝いていたのでした。

あの日、朝食をとりに家に戻った時、何も知らない母はとても心配そうに私にこう言いました。「今日はずいぶん目が赤いけど、どこか具合でも悪いの？」「大丈夫、痛くはないの？」しかし、私は何も答えることが出来ずに、教科書を取って学校まで走っていったのでした。大好きな母に余計な心配をかけたくなかったからです。また子供心に、このような問題は、結局自分で解決しなければならないのだと云うことを、漠然と感じ取っていたからだと思います。

現在、九十五歳になっている私ですが、あの時、八十六年前と少しも変わらない神様への思い、感謝の気持ちを持ち続けています。怯えて泣き叫んでいた、幼い私の心を、やさしく包んで下さった神様の温かさを忘れたことは一度もありません。

悲しい出来事について

私の家の隣には、私たち兄弟と同じ年頃の子供がいる、家族が暮らしていました。年齢が近く、子供の数や兄弟構成が似ていたので、子供同士、いつも仲良く遊んでいました。

私が十五歳位になり思春期を向えた頃、歳の近い隣の女の子も、綺麗なお嬢さんへと成長して行きました。両家の親たちは、どちらともなく、私とそのお嬢さんがいずれ結婚すればいいと思っていたようです。

その頃ポーランドでは娯楽として、月に一回、日曜日に、ダンスパーテイーを開く習慣がありました。午前中に皆で教会の御ミサに与り、お祈りをして、一度家に帰って来て昼食を済ませた後、十八時頃から、十五~十六歳の男女が大勢集まりました。大きな会場を借りて、アコーデイオン、クラリネット、ドラム等の奏者を頼み、楽しく踊っていました。しかし私は、皆と踊るよりも、楽器を演奏している人たちの側に座って、一人で音楽を楽しむほうが好きでした。普段は快活で人気者の私でしたが、異性とのダンスは汗をかいて緊張してしまうので、苦手だったのです。それに引きかえ、隣の家の美しいお嬢さんは、いつも皆の人気の的でした。ダンスが終わった後、男性と二人きりで外に出て行き、話しをしているところを、お母さんたちに見つかって、注意されることも、しばしばありました。

やがてそのお嬢さんは、二十歳になって結婚したのですが、初めての出産の時に、病気がもとで、あっけなく亡くなってしまいました。人気者であった彼女の死は、私たち仲間にとっては、とても悲しい出来事でしたが、私個人にとっても、人生と云うものを、改めて考えさせられる、重要な意味をもつ出来事となりました。せっかくあのように綺麗なお嬢さんをお造りになったと云うのに、神様は何故このような、酷いことをなさるのだろうか？

いろいろなことに悩み、時にはやけを起こしそうになりながらも、それでも私は少しずつではありますが、神様がお考えになった道を歩き初めていたようです。

コルベ神父様の人柄

私が修道院に入ったのは今から七十五年前のことです。

修練が始まって間もない頃、神父様は私たち修練者に、お揃いの黒い表紙のノートを下さって、「日記を書きなさい。霊的なメモをつけなさい。書いた物は後まで残りますから。」とおっしゃいました。

当時はピンと来なかった、神父様の言葉ですが、今は懐かしく、そして有り難く、思い出させていただいています。このノートがあったからこそ、これから皆さんに、数々の思い出をお話しすることが出来るからです。

真新しいノートには、開いてすぐのページに、これからこのノートに書くべきことを、またどのように書いていこうか等を箇条書きで記しています。

ここに、このノートに書かれている一九三〇年二月二十三日のメモをご紹介致します。

コルベ神父様が、私たちをポーランドのニエポカラノフに残して、日本へ布教に行く前に話して下さった、忘れられない言葉が書かれています。この言葉は、後に神父様がアウシュビッツの収容所で、一人の父親の為、また死を宣告された仲間と共に行く為に、命を捧げたあの出来事を予言していたような言葉でした。

〝自分にとって楽だと思える生活を決して探さないように。また求めないように。空腹や乾きを、酷暑の砂漠で死んで行くことを、厳しい寒さの中で着る物を奪われることを、恐れないで下さい。あらゆる苦しみ、犠牲をすべてマリア様の為に捧げて下さい。自分を捨てて、殺して…すべてを捧げて下さい。もし、このような覚悟と自信が持てないのなら、修道院にいる必要はありません。早く扉を開けてお帰りなさい！　また、清貧、従順、貞潔の誓願を守る決意が無いのならば、今すぐに辞めたほうがいいでしょう。修道生活は、これからもっともっと厳しくなるのですから。ますます努力をしなければならないのですから。〟

これをお読みになり、以前にコルベ神父様の写真を目にしたことのある方は、コルベ神父様が厳しくて、冷たい人だったのではないかと、思われるかも知れません。私たちが日頃、目にするコルベ神父様の写真は、堅苦しくて無表情の物が多く、笑顔の物は、ほとんど無いので、誤解される方がいても不思議ではありません。しかし日常生活の神父様は実にユーモアに富み、笑顔の絶えない本当にやさしい方でした。このような厳しい内容のお話しをする時も、コルベ神父様は、常にやさしさを忘れることはありませんでした。コルベ神父様は、どんな場合に於いても、私たちにとって、お父さんとしての態度で接して下さったのです。私たちを傷つける言葉を口にしたことなど、一度もありませんでしたし、また神父様と過ごした、八年間の生活の中で、怒った姿を一度も見たことがありませんでした。

コルベ神父様の写真が、どれも苦虫をつぶしたみたいな表情であるのは、ただ写真機の前で緊張していたからだと思います。当時、写真を撮る機会などあまりなく、現代のように普及していなかったと云うことをどうか忘れないでください。

規則

常にやさしかったコルベ神父様ですが、兄弟たちがタバコを吸うことだけは、絶対にお許しになりませんでした。

隠れて、たびたびタバコを吸っていた一人の修道士にコルベ神父様は「タバコをやめるか修道院を出て行くかどちらかにしなさい。」と、静かに問いただされたことがありました。側で聞いていた私が兄弟に助け舟を出そうとして、「神父様、一人ぐらいなら吸ってもいいのではありませんか？」と言いますと、「セルギウス！　何を言っているのですか？　一人の為に全修道院の規則を変えてもいいのでしょうか？」と、怒るのではなく、本当に驚いたご様子でした。

何としてもこの兄弟を引き止めたかった私は、その兄弟に一つの提案をしました。どうしても吸いたくなったら、火をつけずにただ、口にくわえているだけにして下さい。しばらくの間、私の言う通りにしていた兄弟は、その後タバコを止めることが出来ました。修道院に無事、残ることが出来たのでした。

これはあくまでも私の推測ですが、神父様は規則を守らせるのは勿論ですが、何よりも修道士一人一人の体を気遣って下さっていたのではないでしょうか。あまり丈夫ではなかった神父様は、喫煙による体への影響を、人一倍恐れていたのではないかと思われます。

また、マリア様の為の貴重な時間を一分でも無駄にさせたくなかったのかもしれません。

聖母の騎士誌

コルベ神父様は一九一八年四月二十八日にローマで司祭に叙階されましたが、まだ神学生だった時、そのローマで一九一七年十月十六日に数名の同志と共に〃けがれなき聖母の騎士会〃を設立なさいました。

帰国したコルベ神父様は、クラコフ大神学校で教鞭をとることになりましたが、同時に信心会の仕事にも深く携わっていきました。そして神父様は、増加した信心会の人々への連絡手段として、手紙は手間と時間がかかるので、小さい雑誌を出そうと、お考えになりました。全会員が集まった時に、皆の前で、その雑誌についての発表をしようと決意したのです。

当時のポーランドは、第一次世界大戦が終わって、間も無い頃だったので、国は貧しく、経済的にも余裕のない状態でした。多くの会員たちから反対意見が出されましたが、今考えれば、やむを得なかったと思います。避けられない問題だったのでは、ないでしょうか。

なかなか許しを頂けなかった、コルベ神父様は、ポーランドの有名な黒い聖母マリア様の御絵の前でお祈りをしたそうです。そのお蔭で、管区長様お一人だけが「出しても良い！」との賛成をして下さったのでした。それを聞いた反対派の会員たちは、出版を許しても、管区からの援助、お金は一銭も出さないと云うことで、納得したそうです。その時コルベ神父様は、「私はお金など要求していません。ただ出版の許可が欲しいだけなのです。」とおっしゃったそうです。

この様な経緯で、聖母の騎士誌は、誕生しました。一九二二年一月のことでした。

第一号は、コルベ神父様の僅かな蓄えと、信心会の人たちの寄付によって、無事に発行することができました。第二号の不足分は、神父様や同志たちが、カバンを持って街に出かけて、寄付を募ったので、何とか切り抜けました。しかし問題となったのは、第三号でした。資金はほとんど集まりませんでした。コルベ神父様たちは、再びカバンを持って街に出かけましたが、もうお金を集めることは不可能でした。

後にコルベ神父様は、その時の様子を私たちに話して下さいました。寄付を願って入ったある店で断られてしまったので、次の店に行きましたが、本当は、顔が赤くなってしまうほど恥ずかしくてたまらなかった神父様は、うまく切り出すことが出来ずに、その店で一番安い物を買って、出てきてしまったのだそうです。そんな自分に神父様はつぶやきました。「どうしたと云うのだ、マキシミリアン、お前はなんて弱い人間なんだろう。マリア様の為にお願いするのがこんなに恥ずかしいなんて…。」

散歩をして、少し気持ちを落ち着かせた後、その日は、大した成果もなく修道院へと帰っていきました。聖堂に入って、マリア様の祭壇の前で、神父様は一心に祈りました。「マリア様、私が今から始めようとしている仕事は、私の仕事ではなく、あなたの為の仕事です。あなたのお心を見せて欲しいのです。あなたはお望みですか、お望みではありませんか？　どうか教えて下さい。」

そして、祈りを終えて、部屋に戻ろうとした時、祭壇の上に置かれてある封筒を見つけました。落としものだと思った神父様は、それを院長室まで届けに行ったのでした。部屋に入って祝福を受けたあと、マリア様の祭壇に置かれてあった、その封筒を院長様に渡しますと、封筒を開けた院長様は中身を確かめた後、このように言いました。「あなたには確か、お金が必要でしたね、どうぞこれを使って下さい。」

渡された封筒の中には五百ズヴォーチェと一緒に、〝汚れなき聖母マリア様の為に使って下さい〟と書かれたカードが入っていたのです。それは、まだ支払えずに残っていた騎士誌の印刷代とちょうど同じ金額でした。その瞬間から、マリア様がこの雑誌の出版をお望みになっていらっしゃることが解かったのでした。

コルベ神父様の偉業

皆様はもうすでにご存知だと思いますが、コルベ神父様はカトリックの司祭でした。お聞きになったことがあると思いますが、カトリックの司祭は、二番目のイエス・キリストと言われています。イエスの代理者です。イエス・キリストはご自分の生涯を私たち人間の救済という使命の為に捧げられ、最後に十字架の上で亡くなられました。また、コルベ神父様もその生涯を人々の幸せの為に捧げられて、最後には身代わりの死を願い出て亡くなられたのです。

皆様にお伝えしようと思いますのは、コルベ神父様がどのようにして、人々を幸せにしようと、試みたかと云うことです。神父様は、キリストの福音を広めることこそが、人々を幸せにする、一番良い方法であると考えていました。そして今日に於いて最も適した手段が、出版であると確信していたのです。

その目的を果たすためにコルベ神父様はポーランドで最大の修道院をお造りになり、六百人もの修道士を集めて出版事業を始めたのです。印刷所は二十四時間稼動をしていましたので、修道士たちは三つのグループに分かれて交代で働いていました。

彼等は月刊雑誌を百万部出版していました。また、それとは別に日刊新聞を三百五十万部程出していました。数多くの本を出版していましたし、ラジオ局もありました。そして新聞を即日配達するための飛行場作りと、パイロット養成の為に二人の修道士が、訓練を受け始めていました。とにかく全てがとても大仕掛けであったのです。

しかし、コルベ神父様は、ポーランド人だけの幸せを望んでいた訳ではありません。神父様は全世界の人々を神様の方へと、聖なるマリア様の御手によって導いていただきたいと望んでいたのです。その目的の為に、ご自分も聖フランシスコ（フランシスコ会の創立者）のように、布教へ出ようとお考えになっていらっしゃいました。

東洋に行こうと決断されたコルベ神父様が、まず初めに向かわれた先は中国でした。宣教を考え始めた当初、神父様はインド、中国、日本の三カ国に聖母の騎士誌の支部を造ろうと計画されたのです。

一番希望の大きかった上海まで来てみると、新しい地盤を作るには、余りにも困難であるということを思い知らされました。仕方なしに、日本(長崎)へと向かったのです。こんな調子では、日本へ行っても、どうなるかは解からないと、危惧していた一行を、最初に迎えて下さったのは、大浦天主堂のマリア像でした。コルベ神父様の喜びが、どんなに大きなものであったかを、想像するのはやさしいことでしょう!

長崎に着くと、すぐその足でコルベ神父様は、早坂司教様をお訪ねになりましたが、残念なことに、外出されてお留守でした。ちょうどその頃司教様は、大神学校の哲学の教授を探しに、お出かけになっていたのでした。神父様一行は、司教様が戻られるまでの、数日間を司教館で待たせていただくことになりました。

コルベ神父様は、哲学の学位を持っていましたので教授としては、適任でした。お帰りになった司教様は大変満足し、喜んでコルベ神父様を受入れて下さいました。

しかし何がどうであれ、コルベ神父様が日本へ来た目的は、雑誌の出版によって、キリスト教を広めることだったので、数日後に再び司教様をお尋ねして、早速、このようにおっしゃったのでした。「司教様お願いがあるのですが…」「何でしょうか?」と司教様がお訊ねになりますと、「私は日本語で雑誌を出したいと思っているのです。」と打ち明けました。

司教様は大変驚いて「日本語がわからないのに、日本語で雑誌を出したいなんて…あなたは自分の言っている言葉の意味が、解かっているのですか?　よく考えてみて下さい。」

しかしコルベ神父様は、大変落ち着いてこのようにお話になりました。「もし、司教様がお許しを下さるというのなら、残りはマリア様が助けて下さるでしょう。」

最終的に司教様は、コルベ神父様のマリア様への強い信仰と、信頼に心を動かされて、こうおっしゃいました。「このような大事な決定を私だけで下す訳にはいきません。ほかの司祭たちと相談してから返事をしますので、しばらくお待ちください。」と。

その司祭団の中には、司教の相談役の一人として、年老いた八十二歳の司祭がいました。その司祭はコルベ神父様の願いが叶えられるように、気転を利かせて

「司教様、どうして私たちは彼等の雑誌の出版を許さないのでしょうか？　遅かれ早かれ、彼らは失敗するのです。もし私たちが許さなければ、その宣教師たちは別の教区へ行ってしまうかもしれません。その場合は、誰が私たちの大神学生に、哲学を教えるのですか？」と司教様を説得してくれたのでした。ついに司教様は言いました。「いいでしょう！　彼らが失敗するというのなら、許しましょう。」このようにして出版の許可は下ろされたのです。

出版の許可にあたっては、いろいろな問題が山積していて、司教様にはかなり苦渋の選択だったようです。

素晴らしいことではありませんか？　日本へ着いてちょうど一ヵ月後にコルベ神父様たちの聖母の騎士誌は出版されました。最初の月、彼らは一万部を印刷しました。全く信じられない偉業でした。

どうして、コルベ神父様はこのような偉大なことが出来たのでしょうか？　いったいその力とエネルギーはどこから来たのでしょうか？　言うまでもなくそれはマリア様からでした。マリア様無しに、コルベ神父様は何も出来ませんでした。マリア様がいらっしゃらなければ何も考えることが出来ませんでした。コルべ神父様にとってマリア様は、もっとも重要な存在でした。そう、神父様の全生涯はマリア様のものだったのです。

ある日、コルベ神父様は私たちが行う全ての活動について、どのように成すべきかを話して下さいました。

私たち、汚れなき聖母マリアの騎士は、マリア様への理解を深めて、福音を広めなければなりません。私たちが行う全ての仕事は、汚れなき御母の神様への取次ぎに、頼っているのです。もしそのお助けがなければ、私たちの仕事は価値のない無意味なものになってしまうのです。

神は存在する全ての事柄の源です。神は全ての事柄の始まりです。しかし神から与えられるものは神から直接ではなくマリア様を通して私たちに与えられるのです。

マリア様がすべての恵みの仲介者であると云うことを、出来るだけ早く、多くの人たちに理解してもらえるように、私たちは祈らなければなりません。

コルベ神父様の従順

どうして、コルベ神父様は次々と大きな事業を、成功させることができたのでしょうか？　何故コルベ神父様だけは、自分の願いを必ず実現させることができたのでしょうか？

多くの人たちが、それぞれの立場からその理由を語っていますが、一緒に生活をしていた私たちには、二つのことが考えられるのです。

第一に神父様は、御自分の全てをマリア様に捧げていたと云うことです。第二には、神父様の徹底した従順でした。赤いかんむりと白いかんむりを言ってしまえば、コルベ神父様がまだ子供だった頃に、マリア様御自身が、神父様をお選びになったのだそうです。マリア様とコルベ神父様の絆はその時からしっかりとむすばれていたのです。すなわちコルベ神父様にとって従順とは、マリア様に従って、完全に行うことでした。そして、修道生活を完全に守ること、それこそが一番の従順でした。

コルベ神父様は、いつもマリア様がお望みになっていることを察知して、行っていました。それがどう云うことなのか、常に神父様は、私たちに教えて下さいましたし、御自身の行ないで示して下さいました。

一九二八年夏のある日の出来事です。コルベ神父様と弟のアルフォンス神父様のお二人は、将来について、小神学校を造りたいと云う、夢のような話しをしていた時のことです。いつしか話は大きく膨らんで、簡単な建物の図面を書き始めたのです。そして、それを持って管区長様の所まで行き、小神学校を造って欲しいと願ったのでした。すぐに小神学校を建てる為に…。

突然、管区長様はその図面を見せられ、話を聞かされて驚きました。あまりにも急な話だったので。そして叫んだのです、「マクシス!」(ポーランド語で、〝マキシミリアンちゃん〟。)マキシミリアン、いったいどうしたというの? そんなばかげた話しをする為に、わざわざ急いで飛んできたと云うのですか…。

コルベ神父様はその年から、もう直ぐにでも、(ポーランドの新学期は九月からはじまるのです。)授業を始めたいと思っていたのでした。管区長様の反対意見や話を聞いている時でさえも、コルベ神父様の気持ちはほとんど一つに決まっていました。

聖フランシスコは、会を創った直後に、兄弟たちを布教地へ送りました。今、教会に敵対する人たちが、カトリックの教えに対して、良くない話しを吹聴しています。私たちも何かを、働きかけなければならないはずです…。じっとして居る訳にはいかないはずです。

様々な理由を並べて、どうしても小神学校を創らなければならないと、熱心に願ったのでしたが、管区長様の態度は頑なでした。それは無理です。出来ません！とはっきりとお断りになったのでした。この話はもう終わったのです。

修道院に帰ってきたコルベ神父様は、私たちにこの出来事について、報告して下さいました。そして、「お祈りをお願いします。マリア様が何とかして、この問題をうまく解決して下さいますように。」とおっしゃいました。御自分は、聖堂でいつもより長い時間を、過ごされていました。祈っていらしたのです。

ところが二日後に、突然、管区長様から電報が届きました。〝これは長上からの命令です。小神学校を造って下さい〟

私たちは、びっくりしました。やっぱりマリア様はコルベ神父様の願いを聞き入れて下さり、コルベ神父様の言う通りにして下さった。と…

新学期は、九月一日から始まるので、私たち修道士も一生懸命に働きましたが、残念ながら間に合いませんでした。

授業は一ヶ月遅れて、十月から始まりました。そう、マリア様のロザリオの月からです。

このようなことが、次から次へと起こったので、会員たちの中には、うわさが流れていました。〝コルベ神父様は従順の人だから、御自分のやりたいと思っていることを貫徹することが出来るのだ。完全にマリア様に信頼していたので、人に何を言われても、どんな反対にあっても、マリア様にお願いすれば、叶えていただけるのだ。〟

コルベ神父様は、いつでも従順でした。長上の意見に従わなかったことなど、一度もありませんでした。コルベ神父様は徹底した従順によって、すべてのことを、やり遂げたのです。

もう一つの出来事

コルベ神父様が、ある雑誌で、ドイツで発明された最新の印刷機についての情報を得た時のことです。騎士誌の発展には、どうしてもこの機械が、必要だとお考えになった神父様は、すぐに管区長様の所へ行って、「新しい機械を買って下さい。」と、その旨を伝えました。管区長様は勿論反対でした。「あなたには、たくさんの借金があるというのに、また、機械を買おうと云うのですか？ よく考えて下さい！」その時コルベ神父様はおっしゃいました。「それでは借金が無くなれば、買っても良いのでしょうか？」管区長様は「勿論、無くなれば…」そう言った管区長様は、内心で高をくくっていたのでした。たくさんの借金はそう簡単に返済することなど、出来ないはずであると。だからこそ、「勿論」とお答えになったのでした。

修道院に帰って来ると、コルベ神父様は、管区長様との経緯を私たちにも報告して下さいました。その後、神父様はマリア様に祈り願ったのです。それは、十一月のことだったと思います。

コルベ神父様の心の中は、常にマリア様に対する信頼で満ち溢れていました。行うすべてのことは、マリア様の為なので、間違いは無いと信じていたのだと思います。

年末までに借金の全ては、返済されました。そして、修道院にはまた一つ新しい機械が増えたのでした。内緒のお話しですが、管区長様は「あのようにやられては、とても適わない！」とお思いになったらしいのです。

このようなことが度重なった後は、もう管区長様は、あまりコルベ神父様の言動について、あれこれと反対なさらなくなったと云うことです。何を言っても無駄でした。コルベ神父様には強力な味方マリア様が、いつも、ついていて下さったのですから。

ゼノ修道士

一九二二年一月、ポーランドの古都クラクフの修道院で、最初の聖母の騎士誌は発行されました。しかし九月になって突然、アメリカからの神学生を受入れなければ、ならなくなった修道院の事情によって、それまで騎士誌の仕事場に、与えられていた部屋を、明け渡さなければならなくなりました。検討の末、一九二二年十月二十日にグロドノという町へ移転しました。そのグロドノの修道院には電気はありましたが、動力線が入っていませんでした。仕方無しに修道士たちは、手で印刷機を回していました。

何年かのちに、一人の青年が、修道士として修道院に入って来ました。その青年も、印刷機を回すことになりましたが、「いくら何でも余りにも辛すぎる！やりたくない！」と不平を言い出しました。その揚句に、コルベ神父様のところへ行って、四馬力の発動機（エンジン駆動する）を買ってくれるようにと、頼んだのでした。神父様は、「私にも考えがあります。仕事がどんなに大変であるかも、分かっています。ただ、発動機の整備の出来る人がいないのです。」

その時、青年の顔は輝きました。「私にやらして下さい。私はエンジニアです。」

……

コルベ神父様は、その青年を見ると少し疑わしいと思いました。そして彼が持ってきた数枚の書類を、机の引出しから出して読んでいくうちに、青年の少し変わった経歴を知ったのでした。

以前、この青年は、鍛冶屋で働いていました。ところが屋根裏部屋での生活、食事の貧しさに耐えきれなくなって逃げ出してしまいました。今度は、ユダヤ人の経営する別の鍛冶屋へ行って、一年半ほど働きましたが、その家の娘が、青年との結婚を望んだので、また、逃げ出してしまいました。

青年は、今度、修道院に入りたいと思うようになりました。カプチン・フランシスコ会へ行きましたが、出てきた神父様が裸足で髭を生やしていた上に、修道服の色が自分の好みの色ではなかったので、嫌になって帰りました。次に青年は、コンベンツアル・聖フランシスコ会へ行きました。出てきた神父様は、髭を綺麗に剃っていたし、ピカピカの靴もはいていました。そして、修道服も黒い色で気に入りましたので、「ああ、ここなら良いだろう。ここへ入ろう。」…そして修道士になったのでした。

コルベ神父様は、青年の顔を見ながらしばらく考えました。この人はおそらくエンジニアではないだろう。でも、マリア様は、この青年が何か私たちのために手伝ってくれると、おっしゃっているのではないだろうか？

そしてお祈りのあと、四馬力の発動機を買うことに決めました。

モーターが来ると青年は、直ぐに印刷部屋へ持っていき、備え付けようと一生懸命に取り組んでいました。コルベ神父様はその部屋へ様子を見に行くと、青年に言いました。「その発動機は、ボルトで床に固定しないといけませんね。」すると青年は、「小さいのでその必要はありません。」と答えました。神父様は、「それならば、少なくとも、石で抑えて下さい。」と言うと、「それも必要がありません。」と青年はすました顔で答えました。「でも、神父様が言うのなら仕方ない、そうしましょう。」

修道士たちは、なるべく大きな石を持ってきて、発動機が見えなくなるほど置きました。発動機が振動で動かないようにしたのです。最後に皆が集まると、白いアルバを着たコルベ神父様が、聖水を、発動機にかけてこう言いました。「兄弟である発動機よ、マリア様のためにおとなしく働いてください。私たちの希望、これからの発展はあなたにかかっています。どうぞ宜しくお願いします。」そして皆が、アーメンと答えました。

青年が起動するロープを引っ張ると、発動機が動き始めました。すると、押さえていたはずの石が飛び散り始めたのです。コルベ神父様は吃驚し、真っ青になって叫びました。「危ない！　逃げろ、逃げろ」ある兄弟は、外へ逃げました。別の兄弟は、机の下に隠れました。初め、皆はただ驚いていましたが、しばらくすると、だんだんと面白くなって来たのです。そして叫び始めました。「発動機さん踊れ！　踊れ！　踊れ！」

コルベ神父様は、青年を見ました。青年もコルベ神父様を見ました。…コルベ神父様は思っていました。はじめから私の言うことを聞いていれば、こんな事態にはならなかったのに。そして青年も後悔していました。神父様の言う通りにしていればよかったと…

青年は、ゆっくりとコルベ神父様のほうへ歩き出しました。そして跪き、コルべ神父様の手をとって接吻をしました。「神父様、御免なさい。許してください。」目にいっぱいの涙をうかべて、祈る為に聖堂へと歩きだしました。

その青年とは、将来日本において有名になる宣教師、名前は、ゼノ・ゼブロフスキーでした。ゼノ修道士は、時には、平気でコルベ神父様に食って掛かるようなこともありました。我儘なところもあったと思いますが、心は真っ直ぐで、子供のような人でした。

コルベ神父様が日本を去り、この世を去った後、ゼノ兄弟には、本当の使命が与えられました。それは困っている多くの子供たちの為に、自分を捧げると云う、マリア様から与えられた、尊くて素晴らしい使命でした。

エヴァリスト修道士

コルベ神父様にとって、マリア様は特別な存在でした。それは日頃から神父様ご自身がおっしゃっていました。どうして神父様はそのようなことをおっしゃっていたのでしょうか？　神父様は願ったことのほとんどを、いつも戴いていたからです。グロドノの修道院での出来事を一例としてお話しいたしましょう。

修道士の中にエヴァリストという人がいました。ある時コルベ神父様は、管区長様から、その修道士を別の修道院へ移動させるようにと命じられました。余りにも突然の命令に神父様は頭を抱えましたが、その晩の内に汽車に乗って管区長様の所へと出発しました。何故ならば、エヴァリスト修道士は、神父様の片腕として、聖母の騎士誌に、欠くこと出来ない存在だったからです。朝、ワルシャワに着いたコルベ神父様は、朝の祈りのミサを挙げて、いよいよ管区長様の所へと向かったのです。

神父様は、不安と心配で、胸が張りさけそうでした。なんとかうまく、自分の気持ちを伝えなければならないと、そして管区長様に話し始めたのでした。エヴァリスト修道士をグロドノに残して欲しいと、必死に頼みました。しかし、管区長様は神父様の真剣な用事を真面目に聞いてくれようともせずに、ご自分の用件だけを伝えると、話を打ち切ってしまいました。

部屋を出たコルベ神父様は、仕方がないので、兄弟たちから頼まれていた、印刷用品を買いに行きました。午後になり、あとはただ、夜行に乗って帰らなければならないのかと、考え始めていた時のことでした。

心配事を解決する為には、もう一度管区長様の所へ行く必要があると、決心したのでした。もしかすると、管区長様の気持ちが、変わっているかもしれません。お祈りをした後、再び勇気を振り絞って、管区長様のもとに向かいましたが、いい返事を頂くことは出来ませんでした。それどころか、二度とこの部屋の扉を開けないようにと、念を押されてしまったのです。つまりは追い払われてしまったのでした。

もう、どうすることも出来ません。「さようなら。」と挨拶をして、部屋から出て行きました。

夜行の時間まではまだ少し早めでしたが、仕方なしに駅の方まで歩いて行きますと、途中に教会を見つけました。神父様が時計を見ると、まだ時間がありましたので、ちょっとだけ祈りましょう。そう思って教会の中に入り、マリア様の御像の前に跪いてお祈りを始めました。その時ふと、管区長様の部屋には二つの扉があったことを、思い出したのです。今度もし私が、別の扉から入ったとしたら、それは、不従順にはならないだろうと、閃いたのでした。そして急いで、管区長様の所へと向かったのでした。

コルベ神父様が部屋に入ると、管区長様は呆れたように、「また来たのですか？この扉を開けて入ってはいけないと言ったはずですが。」

その時コルベ神父様は、別の扉を指差して、この様に答えたのです。「今度私はあの扉から入りました。」管区長様は驚いて、「もういいです。どうぞ御自由にして下さい。あなたもあの修道士も要りませんので。」

結局、コルベ神父様の粘り強さに、管区長様は根負けしてしまったのです。

喜びに満ち溢れた、コルベ神父様は、心を弾ませ何度もマリア！　マリア！と御名を唱えながら、帰途についたそうです。

決意

　さて、私の思い出に戻ると、二十歳になって大人の仲間入りをした私は、真面目な青年になろうと、決意を新たにしていました。ちょうどその頃、私たち一家が暮らしていたすぐ近くの所に、コルベ神父様は、大きな修道院を造り始めていました。神父様たちは、それまで住んでいたグロドノの修道院を引き上げて、新しいこの土地に、ニエポカラノフを作る為に、引っ越して来たのでした。コルベ神父様を筆頭に、十八名の修道士がやって来たのです。一九二七年十一月二十一日の出来事でした。

　ある日、二人の修道士が馬車を貸して欲しいと、私の家に訪ねて来ました。食料や物資の調達に使いたいからと頼みに来たのでした。一人の修道士が人なつっこく「私たちは昨日越して来たばかりなので、何も無くて、お腹がペコペコなのです。」と喋りだしました。なんだかとてもおもしろそうな人！　陽気なこの修道士の名前は、ゼノ・ゼブロフスキー。その時はまだ名前を知りませんでした。（も

う一人の修道士は、エヴァリスト修道士）
兄が、馬車の準備をしに外に出てしまうと、その面白い修道士は、私の肩に手を置いて、こう言いました。「あなたも修道院に入りませんか？」……。

私が「修道院とは、どこの修道院のことですか？」と訊ねますと、その修道士は「駅前に建築している建物ですよ。私たちは昨日の晩、あそこに着いたばかりなのです」

兄が戻って来たのでこの話は終わりました。三人は馬車に乗って出かけて行きました。

晩になると外出先から戻って来た父が、その修道院について、耳に入って来た様々なのうわさ話を、私たちに話してくれました。あそこに居る修道者の数はだいたい十五人位で、彼等は床の上にじかに藁布団を敷き、ありあわせの布団や毛布にくるまって寝ているそうである。机がないので、ダンボール箱の上に板を置いて食事をとり、とにかく生活は大変に貧しいらしい。

二、三日すると、例の面白い修道士（ゼノさん）が、今度はたくさんの仕事があるので、大工仕事を手伝いに来てくれないかと、頼みにやって来ました。

その修道士の願いに応えて、父と、兄と私は、三人揃って修道院まで手伝いに行くようになったのでした。

私が初めて、コルベ神父様に出会ったのは、一九二七年十二月半ばのことでした。神父様は微笑みながら私を見て、「あなたは毎日、朝の御ミサにいらしている方ですね。」とおっしゃいました。私が「はい。」と答えますと、「感心なことですね。将来は一緒に生活しましょうか？」と笑いながらその場を立ち去って行かれました。

御ミサのことですが、毎朝御ミサがあると聞いた私は、朝五時半に母に起こしてもらい、父の暖かい靴を履き、羊毛のオーバーを着て、通うことになったのでした。季節はすでに冬でしたので、雪の中を十五～二十分かけて修道院の聖堂まで、歩いて行きました。

時々でしたが、私が到着しても、まだ聖堂の扉が開いていないことがありました。扉を開けに来た修道士は私を見つけると驚いて、熱心ですね。と言いました。そして、しばらく二人で色々と、語り合うのでした。私にとっては、新鮮でとても楽しいひと時でした。

修道院には、コルベ神父様と弟のアルフォンス神父様、二人の司祭がいらっしゃいました。アルフォンス神父様は、毎日、御ミサの時に、告解所に腰をかけていました。たまに修道士が告解をしている姿を見かけることもありましたが、誰も来ない日には、神父様もさぞ退屈だろう、と思った私は、気を利かせて、思い当たる罪も無いのに告解に行きました。そのような時、アルフォンス神父様はとても喜んで、私の話を聞いて下さいました。そして色々と楽しいお話しを聞かせて下さったのでした。とても気さくで優しい神父様でした。

コルベ神父様は、殆ど毎日午前十時頃に、建設途中の現場まで来ては、皆に挨拶をし、その場を和ませるような、面白いお話しをして下さいました。神父様が帰った後、現場で働いていた人たちは皆、口を揃えて神父様のことを褒め称えました。〝なんてやさしい人なのだろう。〟〝学者のような人である。〟〝面白い人。〟そして、とても偉い人であると云う点で、皆の意見は一致しました。

父は私たち兄弟に向かって、よく言ったものです。「おまえたちも喧嘩ばかりしていないで、少しはあの神父様を見習って、立派な人間になったらどうなのか？」そんな時兄は、決まって「私は悪くありません、ボレスアヴゥ（私）この坊主が悪いのです…」と、興奮してしまうので、結局父が、「わかった、わかった!」そう言って、収まるのでした。

勧誘

ある日、コルベ神父様は、「仕事がたくさんあるので、あなた方二人は、もう少し遅くまで残って、働いてもらえないだろうか?」と私と兄におっしゃいました。晩御飯は修道院で頂くことになりました。食事をしていると、コルベ神父様が食堂に入っていらして、いつもの様に、楽しいお話を聞かせて下さった後に、私たち二人に修道院に入るようにおすすめになりました。兄は直ぐに、「二人はダメです…」神父様がどうして駄目なのかとお聞きになるので、兄は、「喧嘩するからです。」と、その訳を答えました。すると神父様は、「別に、修道院に入って喧嘩してもいいのですよ。いろいろな経験が人間を強く豊かにするのです。」とおっしゃいました。私たちの話しに興味をお持ちになったのか、神父様は、「あなたたち二人は喧嘩をすると、どちらが負けるのですか?」と、お訊ねになりました。すると兄が、私です。弟が怒ったら、誰も止められません！　何でも投げるのです。石や、煉瓦や、手に持っているものを手当たり次第に投げるので、怖いから逃げるのです。

そして、ある日の出来事を、神父様に話したのでした。

私たちが、まだ小さかった頃のことです。二人の喧嘩があまりにもひどかった為、怒った父が、ズボンのベルトで、弟を叩いたことがありました。勿論、思いっきりではありません。はずみで頭にあたって、ほんの少しだけ怪我をしてしまったのですが、弟は、出ていた血を顔中に塗りたくって、泣きながら母の所に飛んで行ったのです。血だらけの顔をみた母は、吃驚して、カンカンに怒って、「どうしてこんなにひどく打ったのですか？　顔が血だらけじゃないですか？」と父に訴えました。そんなにひどく打ったつもりのない父は、弟の顔をみながら、「いたずら坊主め！」と言うと、洗面器を持って来て、顔を洗ったのです。するとどうなったと思いますか？　ほんの小さな傷しかなかったのです。

コルベ神父様はこれを聞くと、お腹を抱えて笑いました。笑って、笑って止まりませんでした。そしておっしゃいました。「そんないたずら坊主が修道院に入ったら、きっと楽しいでしょうね。」と…

この後も、度々、兄と私は夜遅くまで修道院の手伝いをしました。その様な時は決まって、コルベ神父様は私たちに楽しい話を聞かせに来て下さいました。やさしい神父様はユーモアでいつも私たちを励まして下さったのでした。

こうして私たちが大工仕事を手伝いに、修道院に行く回数が増えると共に、自然とコルベ神父様と接して、話をする機会も増えて行きました。

召命

十六歳になると私は、父の大工の仕事を手伝うようになりましたが、その頃の仕事のやり方は、泊り込みで現場に赴き、食事などを出してもらうと云うものでした。外に出て仕事をすることの出来ない冬の時期は、家の中で机や椅子、箪笥などの家具を作っていたのでした。それを知ったコルベ神父様は、香部屋に置く祭服を入れる箪笥を作って欲しいと願われたのです。

父と二人で作った箪笥を修道院まで運んで行きますと、コルベ神父様はその箪笥と私を眺めながら、おっしゃいました。「箪笥が修道院に入りましたので、今度はその箪笥を作った人が入る番ですよ。」修道士たちはパチパチと手を叩いた後、ばんざい！　と言って大笑いを始めました。

家に帰ろうとした時、「読んで下さい」と言って、エヴァリスト修道士が、私に小さな本を下さいました。コルベ神父様から言付かったものでした。頂いた本を家に持って帰り、早速開いて読み始めますと、次のように書かれてあったのです。〝あなたに召し出しはありますか？〟聖アルフォンス・リグオリによって書かれたこの本には、質問と質問に対する返事（答え）が書かれていました。また、今まで読んだことのない霊的な事柄がいろいろと書かれてありました。最後まで、その本を読み進めて行きますと、再び、同じ問いが書かれていました。〝いかがですか？　修道院に入る召し出しはありますか？〟私は両手を胸において「はい、あります。」と心の中ではっきりと答えました。その瞬間から修道院に入ろうと決心したのでした。

家族全員が集まっている時に、自分の決心を宣言しました。「私は修道院へ入ります。」

私の突然の言葉に皆は黙っていましたが、父だけが言いました。「私は許さん！絶対に…修道院は、自分の家で食べることが出来ない貧しい者が入る所だ。それでも入るというのなら勝手にしなさい。家では何も買ってあげないし、何の用意もしないからな！」そして、話は終わりました。

私は、しばらく考えた後に修道院へ行き、コルベ神父様に父が言ったことや、家族の反応について、話をしました。神父様はおっしゃいました。「あなたの物は何もいりません。あなたが欲しいのです。もし、本当にあなたが、修道院へ入りたいのなら、今すぐにでも入っていいのですよ。」と。

私は二、三日、家族の様子を伺っていましたが、頃合を見計らって、今度は家族の皆にコルベ神父様の言葉を伝えました。皆は、やはり黙っていました。けれども二週間ぐらいたった頃でしょうか、「修道院に入る為に必要なものを買いに行こう」と、父が言い出して、町まで連れて行ってくれたのでした。

一度言い出すと絶対に意見を曲げない性格の父でしたが、日が経つにつれて少しずつ、考え方を変えてくれていたようでした。修道院に入ることを許してくれたのです。いつになく真剣な私の態度と、コルベ神父様に預けるのなら安心だと、心の中で思っていたのかもしれません。
何故ならば、私の父もコルベ神父様をとても尊敬していたからです。

別れ

私が家を出る日、家族と過ごす最後の日に、父は具合が悪くなって寝込んでしまいました。(病気を装っていたのです。)母は、最後の食事の支度をしてくれました。姉たちは私に涙を見せないように、外で泣いていました。結局、昼御飯を食べに集まったのは、母と、一人の兄に私だけでした。昼御飯を食べ終わると、黙って兄は外へ出て行きました。しばらくして戻って来ると、「馬車の準備が出来たから」と名残惜しそうに言いました。私は父の所へ行き、「お父さん、長い間お世話になりました。お元気で。」と、手をとって接吻をし、「さようなら。」と別れの言葉を告げましたが、返事はありませんでした。毛布で隠れていたので、顔を見ることが出来ませんでしたが、父が泣いているのが分かりました。馬車に乗ると懐かしい我が家に手を振りながら最後の挨拶をしました。

十五分ほどで修道院に着きました。我が家から修道院への道のりは距離にすれば本当に僅かなものでしたが、私にとっては見知らぬ遠い世界へと向かう、長い旅路の始まりでした。

荷物を降ろすと、兄は早々に帰って行きました。私は兄の後ろ姿が見えなくなるまで、見つめていました。しばらくしてから、呼び鈴のスイッチを押しますと、受付の修道士が出てきて、コルベ神父様の部屋まで連れて行ってくれました。部屋の中に入ると、コルベ神父様は私をやさしく抱きしめながら、「大丈夫、大丈夫こちらには、いっぱい人がいるので、楽しいですよ。」とおっしゃって、興奮して涙ぐんでいた私の目をハンカチで拭いて下さいました。そして電話で係の修道士に来るように頼みました。修道士が来ると、神父様は…「マリア様は、もう一人、誓願者を連れて来て下さいました。どうぞ宜しく。」その修道士が、「部屋がありませんが、どこで寝てもらいますか?」と神父様に言いますと、「しばらく大工小屋で寝てもらいましょう。今、ゼノ兄弟が修道院を建てているので、出来上がったら、そこに移ってもらえばいいでしょう。」「ベッドはどうしますか?」

「ベッドですか？　この人は大工だから、自分で作れるでしょう。」

　このことからも解かるように、コルベ神父様はどちらかと言えば、物事にこだわらない方でした。そして普通の人には考えられないような発想をなさる人でした。今日寝るベッドを自分で作らなくてはならないなんて…およそ二時間かけてベッドを作り、床につきましたが、泣き虫の私はこれからのことを考え、悲しくて一晩中泣き続けました。これが修道院での生活の幕開けです。

　その大工小屋で、私は三ヶ月間過ごすこととなりました。

注意されました

　私は、初めてあの修道士（ゼノ修道士）に会ってから、十ヶ月後に修道院に入りました。人生とは実に不思議なものです。そして修道院に入って早くも二ヶ月目に、コルベ神父様から、初めての注意を受けることとなりました。

　ある日、昼御飯を食べ終わると、コルベ神父様は私を外へ連れ出して、庭を歩きながら話をされました。

「あのね、この間ゼノ兄弟が大工の責任者を辞めたいと言って来ました。その理由を訊ねると、今度新しく入った若者が、私の言うことを聞いてくれないから、と言うではありませんか。彼は私より仕事が上手いかもしれないし。」と。

その時神父様はこうおっしゃいました。「もしゼノ兄弟の話の通りなら、あなたはまだ修道生活を、理解していませんね。何故ならば、あなたに命令しているのは、ゼノ兄弟ではなく、マリア様だからです。私たちの長上は、いつでもマリア様の代わりに、命令することを忘れてはいけません。しかし今の状態はそういつまでも続くとは思いません。いつかあなたも責任者になる日が、来るかもしれませんが、そうなったらやっぱり言うことを聞いて貫いたいでしょう？　そのような考え方で、これからはゼノ兄弟の話を聞いて下さいね！」

私は修道院に入って三ヶ月後に無事、着衣式を迎えて、修道服を戴き、修道士となりました。そしてゼノ兄弟に代わって建築の責任者となりました。

今になれば懐かしい思い出ですが、本当に折にふれて、私とゼノ兄弟は衝突しました。しかし、どんなに激しくやりあっても、次の日にはけろっとしていたものです。今思えば、お互いに短気で、頑固なところがよく似ていたのかもしれません。ですから、安心して、気兼ねなく言い争うことができたのだと思います。

子供よ

これは、私が二、三日、御聖体を拝領しないで部屋に引きこもっていた時のことです。何故そのようなことになったのか、はっきりとした理由は、思い出せないのですが、その時の、優しいコルベ神父様のお姿だけは、いつまでも鮮明に記憶に残っています。おそらく何か失敗をして後悔していたか、強情な私がいつまでも意地を張っていたのか、そんなところではなかったかと思われます。いずれにしても、コルベ神父様のお顔をまともに見ることが、出来ない状態だったのだでしょう。

「子供よ、どうしたのですか？　そんな悲しそうな顔をして。罪をおかしたのなら、私のところに来て告解をすればいいでしょう！」私を心配した神父様はおっしゃいました。いつも優しかった神父様でしたが、このように私たちが悩んだり、悲しんでいる時には、もっと優しく、もっと温かく愛情いっぱいに私たちを包んで下さいました。

そして、私が神父様のところに告解に行くと、「子供よ、よく来ましたね。」とやさしく肩に手を置いて迎えて入れて下さったのでした。

動揺

私が修道院に入って間もない頃のことです。私より少し前に、隣村の二人の少年も志願者として来ていたことを知りました。

日曜日の御ミサに、大勢の信者の人たちが、修道院に集まりましたが、その中には、少年の家族も混じっていました。

ほとんど毎日曜日、御ミサの後に、少年の家族は受付にやって来て、彼らと話をしていました。お茶を飲みながら、楽しそうに過ごした後、別れ際に涙を流している姿を、度々目にしたものです。やがて数週間後に、その少年たちは修道院を去って行きました。私にとってこれはかなり、動揺する出来事でした。そして自分も同じ道を辿るのではないかと考えるようになりました。何故ならば私の母も彼等の家族と同様に、やっぱり私に会いたいのだろうと思ったからです。

私が御ミサの奉仕をしていた時のこととした。御聖体を受ける母の目に、涙が浮かんでいたのです。それを見た私は、「お母さんもきっと淋しいのだろうなあ」

と感じました。

思った通り、母は時々受付で面会を願いましたが、私は用事を見つけて、出来る限り断るようにしていました。

ある日曜日、御ミサの後に受付から私に「お母さんが会いに来ています。」と云う電話がありました。コルベ神父様もそのことを、ご存知のようでした。私は考えました、「いつまでお母さんは、私に会いたいと思うのだろうか…。」そして、受付の兄弟に助けを求めるように、こう応えました。「出て行ってもいいのですが、もしかすると、修道生活を辞めることになるかもしれません。それでもいいでしょうか？　私には自信がもてないのです。」心配した兄弟は、コルベ神父様に連絡をしてくれたのでしょう。直ぐにコルベ神父様から、電話がかかって来たのです。そして、「子供よ、私はあなたに面会に出なければいけないと言ったことは、一度もありません。ただ、出てもいいと言ったのです。悩んでいるのなら、無理に出て行く必要はありません。私が行って、お母さんに説明しましょう。」とおっしゃいました。

それからは、必ず神父様に許可をいただいてから、家族と会うようになりました。誘惑に負けないように、神父様に守ってもらいたかったのです。けれども修道院と実家との間の距離は、歩いて十五分位しかなかったので、お互いに会う機会はまだまだありました。

修道院の特徴

ここで、コルベ神父様が話して下さった、いくつかの事柄について、書こうと思います。これは、まだ私が修道院に入って、間もない頃のお話です。

皆様はもう既にご存知のように、私は修道院に入ったその日から、新しい修道院が完成するまでの三ヶ月の間、大工小屋で寝ていました。

そして三ヶ月後に修道服を戴いて、修道士になりましたが、その時からコルベ神父様は私と四人の修練者たち（カシアノ・ピアセツキ・ボナヴェンツラ・エフレム）に、修道生活についての話をなさるようになりました。

最初のお話しは、この修道院の大きな特徴についてでした。それは何よりもマリア様を尊敬しなければならないと云うことでした。この修道院の所有者はマリア様なので、私たちの毎日の挨拶すべてが〝マリア〟になっているのです。

たとえば朝起きる時に、係の修道士がチリンチリンと廊下で鐘を鳴らしながら、大きな声で〝マリア〟と言いますと、皆それぞれの部屋で〝マリア〟と答えるのです。

マリア！

次ぎも、挨拶についてですが、人の部屋に入る時もまず、〝マリア〟と言い、返事も〝マリア〟で、それから話を始めるというのが習慣でした。ある時、気の早い私は、神父様の部屋に入る前に、〝マリア〟の挨拶をすっかり忘れて、すぐに喋り始めてしまったのです。ところがいくら喋っても神父様は相手にしてくれないのです。嫌われてしまったのでしょうか？「ああ！　どうしたのだろう？」そのとき神父様は、「セルギウス！　この部屋に入る前に、何かを言い忘れませんでしたか？」―「いいえ何も…あっ、」すぐに思い出して〝マリア〟と言いますと、神父様はにっこりと笑って〝マリア〟と答えて下さり、「それでは今から話しましょう！」そして私の話は続けられたのです。

どこにいても私たち兄弟がすれ違う場合には、お互いに〝マリア〟と言っていましたが、ある時私は、神父さまにもう一度、この挨拶の意味について、詳しく訊ねますと、神父様は、優しく分かり易いように、お話して下さいました。

「私たちは弱い人間です。もしも互いの間で嫌な思いが生じた場合、隠しておけずに、それを相手にぶつけてしまいます。感情を押さえられずに、嫌な思いを人に与えてしまうのです。ところがお互いに〝マリア〟と挨拶を交わしますと、心を落ち着かせて冷静になれるのです。そして、もう忘れてしまいましょう。と、優しい気持ちを取り戻すことが出来るのです。」

コルベ神父様は、常にどのような場合においても〝マリア！〟でした。手紙の始めの挨拶もやっぱり〝マリア！〟でした。

コルベ神父様は、いつも祈っていました。いったい一日に何回、〝マリア！〟とマリア様の御名を唱えていたのでしょうか？　おそらく、何百回も…

ある修道士が、リヤカーで荷物を運びながら、ロザリオを唱えていた時のことです。それを見かけた神父様は、「私たちは、いつもマリア様の為に働いています。気持ちはマリア様に充分伝わっているはずです。祈りたくなったら。一言、心を込めて、〝マリア！〟と唱えればいいのですよ。」教えて下さいました。

現在、残念なことに修道院では、この挨拶は使われていません。朝御飯の前にただ一度だけ〝マリア！〟と唱えるだけです。時代が変わってしまったので、これはもう仕方ないと思っていますが、あの頃を知っている私には、やっぱり少し淋しいです。

日本に招かれて

ポーランド、ニエポカラノフ修道院の私のもとに、〝すぐに日本へいらっしゃい〟と書かれたコルベ神父様からの手紙が届いたのは一九三一年八月半ば頃のことでした。

コルベ神父様と、数人の兄弟たちは、一年前に宣教の為、一足先に、日本へと旅立っていたのでした。あまりにも突然の招きだったので、少々ためらってしまいました。

少しだけ考えさせてもらった上で、私は日本行きを決意しました。八月三十一日にポーランドの大勢の兄弟たちに見送られて、グレゴリオ・シリ兄弟と共に、日本へ向けて旅立ったのでした。それは、宣教師としての長い長い旅路のはじまりでもありました。

いろいろなハプニング（越えて来た道を読んでください！）に見舞われながらも、なんとか辿り着くことの出来た日本の地で、まず、最初に私が心を打たれたのは、正直でやさしい日本人の人柄でした。

どうして間違えてしまったのでしょうか、長崎行きではなく、熊本行きの汽車に乗り込んでしまった私たちが、事態に気付いて、あわてて汽車から飛び降りた時、車中にパスポートの入った、とても大切な財布を落としてしまったのです。その時、車中の見知らぬ日本人たちが皆、一生懸命に身振り手振り、大きな声を出して、必死になって、そのことを私に教えてくれたのです。お蔭で無事に、財布を受け取ることが出来たのでした。

これが日本でなければ、私のパスポートは戻ってこなかったかも知れません。コルベ神父様の時代から、三十六人のポーランド人宣教師が、日本へ派遣されました。その中には、日本に馴染めずに、また、日本人を理解出来ないまま、国へ帰って行った人たちがいます。(とても残念なことだと思います。)

こうして何人かの人たちは早々に日本を去り、また戦争の為に、仕方なくアメリカやイギリスに渡った人たちもいますが、いずれにしても長い月日の間に、多くの人たちが、この日本を去り、この世を去って行きました。

コルベ神父様はいつも、おっしゃっていました。「日本人であろうと、何処の国の人であろうと、皆、神様がつくられた同じ人間です。真心を持って接して下さい。」

正直に言ってしまうと、恥ずかしがり屋だった私は、初めはなかなか、この国の人々に馴染むことが出来ませんでした。

コルベ神父様の言葉を思い出し、好きになれるように、仲良く出来るようにと自分に言い聞かせて、私なりに努力したのも事実です。しかし、初めて日本の地を踏んだあの日に、初めて出逢った日本の人から頂いた親切とやさしさが、いつまでも心に染みて、忘れられなかったことも、また事実なのです。「日本は良い国、正直で優しい人たちが住んでいる国」…。

コルベ神父様と生活を共にしたポーランド人修道士の中で、現在日本に残っているのは、私セルギウスと長崎の小長井の修道院にいるローマン兄弟の二人だけとなってしまいました。

あの日、私と共に日本へ来たグレゴリオ・シリ兄弟も、二〇〇〇年九月十三日に六十九年間の日本での生活に終止符を打って、ポーランドのニエポカラノフへと帰って行きました。残された人生を生まれ故郷のポーランドで送ることを望んだのです。

「私をおいて、どうして帰るのですか?」本当のことを言ってしまえば、今更どうして、グレゴリオを兄弟が、ポーランドへ帰って行くのかを私には理解することが出来ませんでした。

遠いあの日、共に日本へ渡り、長い歳月、苦楽を共にした、同じポーランド人の兄弟が去ってしまったこと、私はとても残念に思います。淋しくて、淋しくて堪りませんでした。

私はコルベ神父様に招かれて、この日本にやって来ました。コルベ神父様との約束を、命のある限り守り続けようと、心に決めたのです。

日本での生活

日本へ来て数週間たった頃からだと思いますが、一日の仕事を全て済ませた夜になると、私たち兄弟は、コルベ神父様のお話が聞きたくて、神父様の部屋へ集まるようになりました。神父様の小さくて狭い部屋に、初め、八名の修道士が集まりました。（そのうち二名の修道士が、忙しいと云う理由と、一人は日本人だったので、言葉がわらないと言うことを理由に集まらなくなってしまいました。）

「今日は特別な話を致しましょう！」宮崎の聖体行列から戻ってこられたコルベ神父様は、そこで聞いてきた興味深い話を、私たちに話して下さいました。

奄美大島で働いていた、ある外国人の宣教師の話です。彼がバイクに乗って走行していると、警察官から止まるようにと指示されました。「何処にいくのか？」との問に、きちんと答えるどころか馬鹿にした態度で、「あなたの前を通っていくのだ！」とすまして走り去ってしまったそうです。一度だけでなく、この宣教師は何度も同じような失礼な態度をとった為に、日本から追放されてしまった。と云う内容の話でした。

この話の後、コルベ神父様はおっしゃいました。「このようなことは決して、してはいけません。カトリックの信者であっても、未信者であっても、日本人であっても、何処の国の人であっても、全ての人間は、皆、神様がお創りになったのです。神様のものなのです。親切で誠実な態度をとらなければなりません。とくに未信者の人たちは、私たちの日頃の行ないをよく見ているものです。口ではいくらでも良いことが言えますが、態度で示すことが出来なければ、何の意味もありません。私たちは、人々の模範となる行ないを心がけなければなりません。」日本に来たばかりの私たちの為に、わざわざこのようなお話をコルベ神父様は、して下さったのだと思います。

私はもともと、物を書くのは好きな方でしたが、コルベ神父様はこの時も、私たちに日記を付けるようにと、お薦めになりました。書いた物は残るので、後の人の為に役立つと云うことでした。まだ日本に来たばかりでしたが、布教をするということ、人々に善い話を伝え、模範的な態度で示すこと、自分の宣教師としての役割について考える時、その素晴らしい使命に喜びを感じ、心は燃えるようでした。

お花見

先にもお話したと思いますが、私が日本に来たのは一九三一年の初秋のことでした。年があけて春が訪れると、日本はお花見の季節になります。修道院の近くに住んでいる人々は、桜が満開になると毎晩のように集まっては、明け方近くまで宴会を催していました。堤燈に灯を燈し、お酒を飲みながら、三味線を弾いたり、太鼓を叩いて、歌ったり、踊ったりして、それはそれは、楽しそうに遊んでいました。私たちの修道院は、高い所に建っていましたので、その様子を上からよく見ることが出来ました。その賑やかなお花見の光景を、度々眺めていたコルベ神父様の言葉です。

「日本人は自然と共に生活しています。自然と一緒になって、あんなに楽しそうに遊んでいます。私たちは良い国へ働きに来ることが出来ましたね。マリア様に感謝いたしましょう。」

グロドノの話

毎晩コルベ神父様は、私たちに違う話をして下さいました。次のお話は、グロドノの修道院で起こった出来事についてです。一九二二年の一月にクラクフという町で、コルベ神父様の聖母の騎士誌は創刊されました。同じ年に、管区長の命令により、グロドノという町の修道院へ、引っ越すことになりましたが、そちらの修道院に移ってから、聖母の騎士誌の発行部数は、少しずつ増えていきました。部数の上昇に伴ない、新しい印刷機を入れる計画を立てましたが、部屋が狭くて入りそうにありません。そこでコルベ神父様は、考えました。修道院には、まだたくさんの部屋が空いていたからです。しかし、他の会員の中には、コルベ神父様の仕事に、関心を持っていないばかりか、余り良く思っていない人たちも大勢いましたので、院長の承諾を得られるまで、じっと待たなければなりませんでした。勿論、従順の為にです。

やがてコルベ神父様は、好きな部屋を使用しても良いという許可を頂くことが出来ました。後は急いで、行動に移すのみです。院長様の気が変わらないうちに……

神父様が目をつけた部屋には、厄介なことに、使われていないパン焼釜がありました。それを取り壊す必要がありましたが、日頃からコルベ神父様の行動を、快く思っていない会員たちの反対を恐れて、作業は昼間ではなく、夜、皆が寝静まってから始めることに決めました。昼間のうちに道具をそろえて、準備だけは整えておきました。

真夜中の二時頃から、作業に取り掛かり、朝までには完全に壊してしまいたかったのに、夜が明けても終わりませんでした。次第に会員たちは起き始めました。朝のお祈りも終わって、朝食の支度に、ミルクを取りに来たコックは、埃まみれのすごい形相をした神父様たちを見て、一瞬、驚いた様子でしたが、ひどい剣幕で怒り始めました。何故ならばその部屋には、いつもミルクが置かれていたのです。いつもミルクの中には埃がいっぱい入ってしまい、朝食に出せなくなってしまったのでした。

コルベ神父様と作業をしていた兄弟たちは、罰として朝食が与えられませんでした。コルベ神父様がどんなに謝ってもダメでした。まさかあの部屋に、ミルクがあるなんて思ってもみなかったというのに…

昼近くになって、ようやく罪人たちにも、朝食が許されました。しかし、コルベ神父様お一人だけはわざと朝食をとりませんでした。心の中でマリア様へのささやかな犠牲を捧げられていたのでしょう。

セベリノ兄弟

私はほとんど毎日、午後コルベ神父様の昼寝が終わると、神父様の部屋に入って仕事の報告や相談をしていました。

ある日のことです。いつものように、私が神父様の部屋で報告をしていると、ドアのノックもせずにセベリノ兄弟が血相を変えて、いきなり入って来たのです。そして真っ赤な顔をして話し始めました。とても怒った調子で…「こんな聖母の騎士誌はもう辞めたほうがいい！　今日は八月だと云うのに、七月分がまだ出ていないなんて。活字がないから、次のを組むことも出来やしない！」また、日頃の我慢が爆発したのでしょうか、色々なことについての言いたい放題の文句を言っていました。私は神父様の後ろに立っていましたが、びくびくしながらどうなるものかと、心配していました。ところが神父様は、黙ったまま、机の上に置いてある無原罪の聖母の御像を眺めていらっしゃったのです。勿論、心の中でお祈りしながら…

言うだけのことを言うと、その兄弟はついに、話す言葉を無くして、黙ってしまいました。

その時でした。神父様は、彼のほうを向いて「愛する子供よ、もう話は終わりましたか？　私が話しても良いでしょうか？」と、静かにおっしゃったのでした。その言葉には兄弟に対する愛と優しさが、幼い我が子に対する母親のような本当の優しさが込められていました。

コルベ神父様の愛情あふれる眼差しに気付いた時、セベリノ兄弟は自分の犯した罪を心から後悔して、神父様の前に跪き、その手に接吻すると、ひどく泣きながら部屋を出て行きました。

あまりにも突然のことだったので、神父様も私も、しばらく黙っていましたが、しばらくすると、神父様はマリア様の御像を見つめながら、〝めでたし…〟を唱えました。そして私に向かって、「どうぞ腰掛けて下さい、話を続けましょう!」と何事も無かったように静かにお話を始めました。

セベリノ兄弟は、コルベ神父様が東洋への宣教をお考えになった時、最初に選ばれた兄弟の中の一人です。三ヶ月間中国の上海にとどまって、漢字の勉強をしました。日本に到着すると直ぐに、日本人に混じって、活字を拾う文選の仕事につきました。このお話は、セベリノ兄弟が日本に来て一年後ぐらいに、日本人の文選職人さんたちがストライキを起こした時の出来事です。慣れない日本語を扱って、一人で頑張っていたセベリノ兄弟はとても疲れていたのだと思います。コルベ神父様もこの兄弟の苦労をよくご存知だったのです。

病気

私たちの修道院が三回目の建て替えをする時に、コルベ神父様は、ご自分がお使いになる部屋と、隣の部屋との間の壁に、小窓を作るように命じられました。三十×四十㎝位の大きさのものでした。昔は内線電話が無かったからです。新しい建物が出来上がると、私がその隣の部屋を頂けることになりました。と言いますのは、私が修道院の仕事の責任者をしていたからです。

コルベ神父様は、何か私に用事がある時に、その小窓をお使いになりました。時には窓越しに長話をするようなこともありました。神父さまに呼ばれると、私は神父様の部屋まで、お話を聞きに伺いました。小窓は、神父様の部屋からしか、開ける事が出来ませんでした。

ある晩十時頃、神父様がその小窓から、苦しそうに私をお呼びになりました。「子供よ来て下さい。」私が部屋へ入ると、神父様は修道服を着たまま、ベッドに座って、左右に身体を揺すりながら〝マリア、マリア〟と繰り返しながら祈っていらっしゃいました。そして私のそばに座って、「ねえ、セルギウス！　もう私の最後の時が来たかもしれません。鼓動が弱くなり、血が頭に上ってしまったみたいです。身体全体の力が無くなって行くようです。」私は吃驚して、涙を流しながら言いました。それなら他の兄弟たちも起こして呼びましょうか？　神父様は小さい声で、もう少し待ってください。更に言葉は小さくなって行きました。神父様は私の肩に頭をもたせ掛けたまま、じっとしていらっしゃいました。私は心配になって、涙を拭きながら黙っていました。そのまま暫くしてから、神父様が低い声で言いました。「ジェッコよ、（子供よ、）もし私が死にましたら、あの一番下の引出しに入っている物を管区長様へ送ってください。二番目は私個人の物ですから、すぐに燃やして下さいね。三番目の物は大神学生の兄弟、ミロハナとアレクセイに渡してやって下さい。」

神父様は、お話を終えると、少し落ち着いたのか、頭を私の肩から枕に移すと、暫くそのまま、じっとなさっていました。そして頭を上げてゆっくりと起き上がりながら、「今日はまだ、マリア様はお呼びになりませんでしたね。」そして私を抱きしめて、「有難うマリア！」とおっしゃいました。私が自分の部屋に戻って時計を見ると、もう十二時を過ぎていました。

兄弟たちの病気

修道士のロムアルド兄弟、この人はコルベ神父様たちがいらした次の年の春に、日本に来ました。印刷の仕事を専門としており、特に印刷機械を動かす仕事に従事していました。

ある時、その機械が何かの具合で、動かなくなってしまいました。そのような時でも、やはり私たちはコルベ神父さまに報告していました。何か問題が起きると、いつも子供みたいに、神父様を呼びにいったのです。コルベ神父様は、どんなに忙しい時でも、いつも朗らかな態度で、応対して下さいました。この時は、「ゼノ兄弟に言えば直してくれるでしょう!」とおっしゃいました。

自称エンジニアのゼノ兄弟がやって来て、あれこれと触りながら、次々と慣れた手つきで、部品をはずしていきました。しかし骨組みだけになってしまった時、もうゼノ兄弟には修理するどころか、元に戻すことさえ不可能になっていたのでした。大切な機械が余りにも無残な姿に解体されて行くのを見ていた、ロムアルド修道士は、しばらくゼノ兄弟と言い争っていましたが、心労の為か、気絶してしまいました。結局、コルベ神父様が、機械の専門家を呼んで直してもらったのですが、ロムアルド兄弟はそのまま寝込んでしまいました。本当の病気になってしまったのです。

兄弟たちにとって、初めての布教地、日本での生活は、慣れないこともあって、かなり身体にこたえました。蒸し暑くて風通しの悪い屋根裏部屋のベッド、貧しい上に上手に作れない食事などが重なって、心身ともに大変疲れていました。やりがいはあっても、苦労の絶えない毎日の生活だったのです。

私も御ミサの最中に、倒れてベッドに運ばれたことがありました。高熱が出てしまったので、真夜中、カトリック信者のお医者様が呼ばれました。診察の後、何故か先生は私の手を握ってお帰りになりました。(その理由は後でわかりました。) コルベ神父様は、一晩中私の側で、看病して下さったのだそうです。朝六時頃、多分心配して来て下さったのだと思いますが、お医者様がもう一度私を診察した後、不思議そうな顔で次のように話されました。「昨晩、真夜中に来た時は、あなたは既に天国に一歩足を踏み入れている状態でした。今こうしていられるのは、コルベ神父様の看病とお祈りのお力でしょう。」

長崎での生活がまだ始まったばかりの頃、私たちはほとんど皆、大きな大きな犠牲をはらって生きていました。その私が九十五歳になる今も尚、こうして元気でいられると云うのは、天国にいらっしゃるコルベ神父様のお蔭に違いありません。

クシ（悪魔）

私が日本へ来た時は、まだ聖母の騎士誌を折る為の機械がありませんでした。紙折りの仕事は兄弟たちが手で行っていたのです。いったん作業に取り掛かり始めると、夜遅くまで仕事は続けられましたので、かなりの重労働でした。コルベ神父様の願いが叶ってか、ようやく二年後にポーランドの会社から、自動の機械が送られて来ましたので、私たち兄弟は大喜びでした。それから、騎士誌の発行部数は確実に増え始めました。

時々私は、ロムアルド兄弟の仕事の手伝いをしていました。大工仕事はお手の物でも、その仕事は、多分向いてなかったのでしょう、機械に紙を入れても上手く行かずに、グチャグチャになって破れてしまうのでした。これでは、手伝っているのか、邪魔をしているのか分かりません。ロムアルド兄弟と二人で何とか直そうと試みましたが、駄目でした。仕方がないので、そのことを、やっぱりコルベ神父様に報告したのです。

すると神父様は、「マリア！」と挨拶をしながら、部屋に入って来られ、やさしい微笑みを浮かべながら、「また、クシがしっぽをいれましたか？ 宜しい、追い出しましょう。」とおっしゃって、あちらこちらと機械のまわりを触りはじめたのです。その時、神父様が祈っていることに、私たちは気が付きました。

暫くしてから、「もう、クシは逃げたので、どうぞ紙を入れてごらんなさい。」と神父様に言われるまま、ロムアルド兄弟が紙を入れますと、何事も無かったように、出てくるではありませんか。私たちは驚いて、感心仕合ました。そして「神父様はやっぱり聖人だ！」と話したのでした。

コルベ神父様は戻る時に、私たちがマリア様の為に一生懸命働いているので、怒った悪魔が色々な方法で邪魔しようとしますが、それは出来ません。何故ならばマリア様が彼の頭を踏みつけているからです。と、話して下さいました。

神父様が帰った後、「何か良くない問題が起こる度に、またクシがしっぽを入れたと、言われてしまっては、それではクシが、少し可哀想だね…」と、私たち二人は冗談を言ったものです。

コルベ神父様の涙

私はコルベ神父様の涙を見たことがありません。ただ、日本に来たばかりの頃、ロムアルド修道士が、次のような話を聞かせてくれたのです。

ある日、新任の巡察使に着任した、アメリカ人のエドワード・ムーニーと云う司教様が長崎を訪れた時のことです。コルベ神父様に会いたいと云う連絡が入りましたので、神父様は司教館まで出向きました。始めのうちは、あたり障りの無い、平凡な挨拶を交わし、和やかに話が進められましたが、突然、司教様が思いもかけない、詰問をコルベ神父さまになさいました。「あなたは、ローマの（聖座）許し無しに日本へ布教に来ているそうですね。聖母の騎士誌の内容も他の本の翻訳だと聞いています。その上まだ修道院としての準備も整っていないのに、ポーランドから若者たちを連れてきていると云う話ですが。」

余りにも唐突だったので、神父様は暫くの間、返す言葉を失ってしまいました。するとと司教様は、本当なのかと神父さまに詰め寄り、このままでは布教を許すことが出来ないと、言ったのだそうです。落ち着きを取り戻したコルベ神父様は、答えました。「私は、一九三〇年十月十五日付の、聖座の日本に於ける布教許可証を持っています。明日お持ちいたしましょう。」

司教様は、コルベ神父様の言葉を聞くと、態度を変えて言いました。「先ほどの質問は、私個人のものではなく、私の耳にはいってきた噂に過ぎません。」そして、きちんと調べなかった事実を認め、謝罪をなさったそうです。

修道院に戻られた神父様は、兄弟たちにこの話を伝えました。「子供たちよ、私がこのような不従順なことをすると思いますか？　どうして出来ると云うのでしょうか？」そして、従順を何よりも重んじるコルベ神父様の目からは涙が流れていたのだそうです。

山羊の肉にまつわる話

コルベ神父様が来日して二年半程経った、一九三二年十月四日、聖フランシスコの祝日の出来事です。修道院では早坂司教様を、初めてお招きする計画を立てました。しかし、修道院の生活は非常に貧しかったので、司教様にお出しする御馳走が思い当たりません。その為、飼っていた山羊を供することになったのです。この山羊は、まだ大神学生だった、ミロハナ神父様の体調が、あまり良くなかった頃に、山羊の乳を飲ませるように勧められたコルベ神父様が、ゼノ修道士に買って来るように命じた、いわくつきの山羊でした。（この山羊は年老いていて、一度もお乳を出しませんでした。）

炊事係りのカシアノ修道士が、長時間かけて、その山羊の肉を調理しましたが、なかなか軟らかくならずに、仕方なしにそのまま、司教様にお出ししたのでした。食事の後、司教様は次のようなお話をされました。「初めてあなた方が来られ、この教区で活動したいと願った時には、正直、皆さんを受け入れて良いものか悩みました。皆さんの処遇について、いろいろな意見が出ていたからです。この山羊の肉よりも固く、難しい問題を抱えて、私の気持ちは憂鬱でした。」

司教様がお帰りになったあと、コルベ神父様は私たちに、この司教様の例え話の意味を教えて下さいました。

「私たちが日本に来た時、他の修道会は、色々な理由をつけて私たちを受け入れないように、司教様に働きかけました。しかし、この教区の大神学生には、神学と哲学の教師が必要であった為に、私たちを受け入れ、布教を許して下さったのです。勿論、聖母の騎士誌の成功は、思惑はずれだった様ですが…」

とにかく、早坂司教様のお話しに出るくらい、山羊の肉は固くて歯のたたないものでした。

この山羊は、老いていたので、期待に反して、一度も乳を出してくれませんでした。山羊を買ったゼノ兄弟が、農家に苦情を言いに行くと、山羊にたくさん水を飲ませるように言われたそうです。これを聞いたコルベ神父様は大笑いされたそうですが…

おかしいけれども、少し哀れな山羊の結末でした。

抑留所

時々、人々は私に、原子爆弾が落ちた時のことを尋ねます。そして、「どうして、助かったのですか？」「運がよかったのですね。」と。原爆投下直前に、私たちは長崎を離れていたので、原爆については本当に何も分からないのです。

戦争の始まったばかりの頃は、日本とポーランドの関係はそれほど悪くはなかったので、私たちは意外と自由に過ごすことが出来ました。ただ、街へ出かける時などに、警察に連絡すれば良かったのです。戦争が終わりに近づくにつれ、多分、スパイの問題があったのでしょう、七月半ば頃に、県庁から私たちに、移動命令が出されたのでした。十名のポーランド人が抑留所へと送られました。二名の者は学校に残ることを許されました。

その時、私は殺されるのだろうと、感じていました。皆、口には出しませんでしたが、多分同じ気持ちだったと思います。

直ぐに、五俵のとうもろこしを荷造りして、行く先まで送りました。その頃はすでに食べる物が不足していたからです。八月二日の夜十時に、警察によって私たち十名は汽車に乗せられ、熊本へ向けて出発しました。

翌朝、鳥栖で乗り換えをしました。戦争中とは思えないほど、とても静かな朝でした。昇り始めた太陽を見たとき、遠いあの日の記憶が、甦ってきたのです。恐怖、虚しさ…いつしか私は九歳の時に見た、あの太陽を思い出していました。あの時と同様に、不思議なくらいにその太陽を美しいと感じたのでした。とめどなく涙が出て気ましたが、どうすることも出来ませんでした。

「どうして泣いているの?」と兄弟が心配して声をかけてくれたですが、皆と離れ、一人になれる場所を探しました。

昼頃、熊本駅について、昼食のお弁当を食べている時に、一人の日本人が、昨日の今頃は、アメリカ軍の飛行機による爆撃が酷かったのだと教えてくれました。

数時間後に栃木と云う所に着きましたが、抑留所は、そこから歩いて二十分ほどの所にありました。迎えてくれたのは私たちより一足先に到着していた、サレジオ会の神父様とシスター方でした。不安そうな私たちを見て、大丈夫だからと、励ましてくれました。

挨拶を終えると、その人たちは、「食料はどこですか？」「食べる物はどこにあるのですか？」…お話によると、その方たちは、貨車いっぱいに、食料を積んでやって来たそうなのです。ジャガイモ、キャベツ、色々な種類の野菜を持って来たと云うことでした。私たちには何もありません。持って来たものと言えば、トウモロコシだけでした。

一部屋八人の部屋をあてがわれて、その日は持って来た缶詰の魚と、パンを食べて、何とか眠りにつきました。温泉やお風呂もありましたが、とても入る気持ちにはなれませんでした。

翌日は、サレジオ会の人たちが、準備していてくれた部屋で、朝のお祈りが出来ましたので、助かりました。彼らから頂いた食事を済ませた後、私たちは自炊に必要な物を買出す為に、農家まで出かけて行きました。疎開の生活が始まったのです。

見張りをしていた警察官は、私たちに、とても親切にしてくれました。おそらく、私たち全員が、神父、ブラザー、シスターと云う、大人しそうな聖職者だったからではないでしょうか。抑留者は全員で四十二名でした。

長崎に原子爆弾が落とされたことは、全然知りませんでした。抑留所は山の中でしたので、空襲もなく、また、長崎の情報もなかなか伝わってこなかったのです。八月十四日だったと思いますが、ラジオのニュースがありました。【明日の十三時頃、陛下様の大事な発表があるので、国民は皆、聞くように…】私たちの仲間うちでは、戦争が終わるのだろうと云う意見が多く、待ち遠しくて、仕方ありませんでした。

朝から私たちは、熱心に祈っていました。昼食を早めに済ませ、時間に遅れないようにと、皆真剣でした。

いよいよ十三時が近づいて来ると、辺りは沈黙して静かになりました。時計が十三時を告げると、陛下の発表が始まりました。私たちには何を言っているのか、よく聞き取ることが出来ませんでしたが、戦争が終わったのだと云うことだけは伝わって来ました。

戦争が終わったのです。私たち外国人は、大喜びでしたが、私たちがお世話になっていた、旅館の人たちは、皆、うつむいたまま涙を流していました。そのような姿を見ると切なくなって、黙って静かに、自分たちの部屋へと戻って行きました。とても複雑な心境でした。

翌日、長崎の修道院から、すぐに帰ってくるようにとの連絡が入りました。私には色々と片付けが残っていたので、ロムアルド、カシアノ、マチアの三人の兄弟が先に戻ることになりました。戦争に負けて感情的になっている日本人に、途中で殺されるかもしれないので、直ぐには帰らない方がいいと、警察に止められたのですが…

九月十六日、用事を済ませた私は、抑留所を出て長崎に向かいました。熊本についた頃はすでに夜になっていたので、一泊しなければなりませんでした。

恐れていたことが起こりました。私の部屋の隣に、二人の兵隊がやって来たのです。何をされるか分からないと恐くなった私は、明かりを消して、息をひそめてじっと静かにしていました。が、なんとその二人が灯をつけて私の部屋に入って来たではありませんか。震えている私をみて、二人は言いました。「大丈夫、心配しないで、私たちは戦争に負けて良かったと思っています。こうして元気に生きているのですから。」

その後は、日本酒で乾杯し、思ってもみないような、楽しいひと時を過ごすことが出来ました。そして久しぶりに、安心して眠りに就いたのでした。

翌日、真夜中の十二時頃でしたが、無事に道ノ尾駅まで辿り着きました。原子爆弾で駅も汽車も破壊されてしまったので、ここから長崎までは歩いて行かなければなりませんでした。始め、十二人位の人たちが一緒でしたが、途中で一人、二人と、それぞれ自分の家を目ざして、別れて行きました。長崎駅に辿り着いた時、残っていたのは、私と大浦の学生、二人だけでした。その学生は、大浦へ、私は修道院を目指しました。しかし今思うと、道ノ尾駅から長崎駅の間には、家が一つも残っていませんでした。全部壊れてしまっていたのです。所々、焼け残った材料で小屋が作られていました。一人ぼっちの男の人がろうそくを燈して住んでいました。可哀想と言いますか、余りにも酷い有様でしたので、私たちは話す言葉も失っていました。

やっとの思いで、修道院に帰って来ることが出来ました。帰りの道すがら、悲惨な光景を目にしていた私が、ほとんど無傷の修道院の建物を前にした時の喜びは本当に大きなものでした。早速聖堂に入って、神様に感謝の祈りを捧げました。しばらく休みを頂いた後、これからの指示をもらいに、院長室を訪ねました。

私は大工だったので、壊れていた建物を、直そうと思っていたのです。「どの辺りから、直し始めましょうか?」と訊ねますと、返事は想像も出来ないほど辛いものでした。「もう仕事はしなくても結構ですので、あなたはアメリカに行く用意をして下さい。船の手配は、済んでいます。アメリカの軍艦に乗せてもらうことになっているのです。」

気が動転していた私が、やっとの思いで、「管区長様からの許可は出たのですか?」と問い返しますと、「返事はまだですが、直ぐに来るはずです。」

しばらくの間、私は呆然としていました。管区長様からの返事が来たら、アメリカへ行くのだ…。

事情があって、この話は突然打ち切りになりました。私を乗せて行くはずの軍艦には民間人は乗せられなかったと云うことが後から分かったようです。

他にも複雑な事情が、あったのでしょうが、私のアメリカ行きは、おそらく疎開先での私のある言動が原因だったのではないかと思われます。

抑留所に移ってからも、相変わらず修道士たちには、今までと変わらない雑用が言い渡されました。食べる物、着る物、全てのものが不足し、勝手のわからない、見知らぬ土地での生活、もしかしたら、明日殺されるかも知れないと云う恐怖と戦いながら、皆それぞれ、生きて行くだけでも大変な毎日でした。皆疲れていたのです。

私は一人の神父様にこう言ったのです。「皆苦労しているのですから、身の回りのことぐらいは自分でしてください！」この一言が〝修道士のくせに生意気な人間だ。あんなヤツは日本から追い出してしまえばいい〟と反感をかわれてしまったようなのです。

コルベ神父様がもしも、あの同じ場所に居たとしたら、どのように私たちに接して下さったでしょうか？　こんなことを考えても今更仕方ないことですが。

実際、戦争が長引いた場合には、本当に私たちを殺すと云う計画もあったそうです。私たちが修道院を出る時、院長様も、もう二度と会えないだろうと、別れの挨拶をしたのでした。

四十年ぶりに故郷に帰える

一九六九年五月、私は日本に布教に来て以来、ほぼ四十年ぶりに祖国ポーランドへと帰ることになりました。初めての帰郷でした。何故こんなにも長い間、一度も帰ら無かったのかと問われれば、コルベ神父様のお考えを尊重していたからだと、お答えします。勿論、帰りたいと思っている人たちも、いたことは事実ですが、コルベ神父様は、旅費に使うお金があるのなら、騎士誌の為に、つまりはマリア様のことを一人でも多くの人たちに知らせる為に、使いたいとお考えになっていたのです。常にマリア様に喜んでいただけることを、すべてはマリア様の為になる様にとお考えになっていました。

コルベ神父様の時代から四十年間、日本の管区長はポーランド人が務めていました。末吉神父様が日本人として初めての管区長になられた時に、「ポーランドへ帰りたい人は、休暇をとって行ってきてもいいです。」と云う、お計らいをして下さったのです。このような経緯で私は初めての里帰りを果たすことが出来た訳です。五月三日船に乗って横浜港から出発いたしました。

なつかしいポーランドのワルシャワに着いたとき、長かった歳月の流れを思い知らされました。見るもの、聞くもの、もう全てのものが、変わっていたのです。当時のポーランドは、ソ連の支配下にあった為、規制に縛られて、まだ自由の許されない国でした。それでも私にとっては、かけがえのない故郷です。父や母はすでに他界し、生存していた兄や妹も皆、当然のことながら、年をとって幼い頃のようにはいきませんでしたが、家族との楽しい一時を味わうことが出来ました。

父母のお墓参り、楽しみにしていた麦刈りの手伝いなど、ポーランドで三ヶ月間滞在した後、まだ一度も行ったことのない所へも行ってみようと思い、汽車に乗ってローマへと出発しました。途中ウィーンで一日あちこち見物した後、夜、再び汽車に乗ってローマへ向かいました。翌日の昼頃、ローマに着きましたが、なにしろ初めての旅行だったので分からないことばかりで、汽車から降りてとまどっていたところ、懐かしい日本語が聞こえてきたのです。見ると五、六人の日本人がいたので、助けてもらおうと、私が日本語で話しかけますと、困ったような態度で、わかりませんと英語で答えてきました。（ちゃんと日本語で話しかけたと言うのに。）

幸いにも私たちの会のローマ本部から、修道士が迎えに来てくれていましたので、なんとかなりましたが…

翌日はその修道士の案内で、ローマを見物して過ごしました。

次の日、聖パウロの資料館に入って行きますと、イタリア人の案内人が、館内の説明をしてくれました。「聖パウロは一人きりでこの鎖につながれていました。」その時、知り合いになったばかりの、アメリカ人の修道士が「この鎖は二千年たったというのに、まだピカピカしている。…」と、笑いながら私に冗談を言ってきました。勿論、本物ではありませんでした。

一週間ほどでローマの見物を終えると、今度はフランスのルルドまで足を伸ばそうと考えました。駅まで行って、切符を買おうとしていたら、駅員にストライキなので汽車はルルドまでは行かないと言われてしまい残念に思っていますと、スペインの巡礼団を乗せた専用列車が三十分後に入るので、もし乗りたければ、乗っても構わないと教えくれました。是非にと頼んで乗せてもらうことになりました。

私はブラザーですが、旅行をする時はいつもきちんと背広を着て、ローマンカラーを着けていますので、司祭に間違われることがありました。ホームに入って来た汽車に私が乗り込みますと、思ったとおりに、中の人たちがファザー、ファザーと言い出して、自分たちの席を私にゆずってくれようとした為、途中で車掌が来て私の席を作ってくれました。また彼等は、何も用意していなかった私に、食事まで分けてくれたのでした。セルギウス司祭の為に。ルルドには、翌日の昼頃に到着しました。そして親切な彼等は更に、セルギウス司祭を山の中にある宿泊施設まで、バスで連れて行ってくれたのでした。とても助かりました！

翌日、お昼御飯を食べようと、広い食堂に入って席に着きますと、直ぐ近くのテーブルから、「あの人、日本で見たことあるよ。」と話しているのが聞こえてきました。私は、その声の主に向かって、日本語で「こんにちは。」と話しかけますと、まわりにいた人たちは大騒ぎになりました。そこには大勢の日本人の巡礼団が、集まっていたのです。みんなを驚かせて少し面白かった！

ルルドでは、聖水を頂き、たくさんのお祈りを捧げました。

三日間程、ルルドで過ごした私は、マリア様に「さようなら」と別れを告げ、ローマへと戻りました。アッシジにもしばらく滞在した後、再び家族の待っているポーランドに帰りました。

私の休暇は、当初三ヶ月でしたが、管区長様のお許しを頂いて、更に三ヶ月、延長させてもらいました。故郷を思いっきり満喫することの出来た、すばらしい帰郷の旅でした。

喜びの涙

一九三六年五月、コルベ神父様は、日本での六年間の生活を終えて、ポーランドへお帰りになりました。再びニエポカラヌフの修道院長に選ばれたからです。第二次世界大戦がすぐ間近に迫った頃でした。

次の話は、私が戦後、ポーランドのニエポカラヌフ修道院を訪れたときに、目にすることが出来た記録からご紹介いたします。一九三七年一月十日にコルベ神父様が数人の兄弟たちに話された言葉です。この記録を残してくれたのはタデウス・マイ修道士です。

その夜、修道院では、主の降誕祭を祝う劇がありました。コルベ神父様は「劇に行ってもいいですが、私の話しを聞きたい人は残ってもいいですよ。」と話されました。その言葉に従ってその場に残ったのは、十三人の兄弟たちでした。兄弟たちに向かって、コルベ神父様は、静かに語り始めました。

「兄弟よ、私の命はあとわずかしか残されていません。こうして、いつまでも皆さんと一緒に過ごすことは、出来ないのです。この世を去る前に話しておきたいことがあります。それは聖母マリア様を信頼して欲しいということです。マリア様に自分の総てを捧げ尽くして欲しいということです。兄弟よ、どうか聖母マリアを愛してください。これが、あなたがたに残す私の最後の言葉です。私の心はいつも喜びに満たされています。それは言葉では表現することのできない魂の喜びなのです。」

コルベ神父様はこのように話された後、うつむいて感激の涙を浮かべておられるようでした。その喜びの理由を私たちが神父様に教えて欲しいと願ったところ、このことは絶対に口外しないでくださいと念を押してから、次のように話されました。「マリア様が私に永遠の幸せを約束して下さったからです。」と。神父様が日本にいた時に、マリア様の御出現があったと云うことでした。

別れの言葉

一九三九年九月五日十六時頃、広いニエポカラヌフ修道院に悲しいサイレンの音が流れ響きました。恐れていたことが現実となったのです。

コルベ神父様の命令で、修道士全員が食堂に集められました。皆が集まると、コルベ神父様は声を詰まらせて話し始めました。愛する子供たちよ、私たちもとうとうここから、出て行かなければならなくなりました。ナチス・ドイツ軍が早い勢いで、ソハチェフ町へ近づいているとの情報が入りました。ですから私たちは、今すぐにここから出て行かなければならないのです。

ここでの私たちの暮らしは、マリア様の御保護によって幸せでした。しかしこれからは、マリア様が示して下さる、さまざまな生活の方法、道に従って、彼女の本当の騎士として、生きて行かなければなりません。試練の時が来たのです。

まず、私は皆さんに、いろいろと不愉快な思いを与えたことをお詫びします。どうぞ許してください。私は皆さんから、嫌なものは何も受け取りませんでした。

たとえあったとしても、小さなことなので水に流してしまいました。

今から皆さんは布教に出かけるのです。イエス様は弟子たちに「私は皆さんと共にいつまでもいる。」と申されました。私もそれと同じで、精神的に皆さんと離れることは決してありません。皆さん、どこへ行っても良い模範を示して下さい。

また、私の言ったことを思い出してください。すなわち、ニエポカラノフとは、この土地や、建物、機械などを意味するのではなく、あなたの心の中にあるのだと云うことを。そして、いつも聖母に約束していたことを、行いで示して下さい。修道院を離れている間、特に貞潔の誓いを忘れないで下さい。

皆さんの中には再びここに戻ることの出来ない人がいると思いますが、多分私もその一人です。その時、コルベ神父様はご自分の行く末をはっきりと解っていらしたご様子でした。

今から私たちは、命の終着駅に向かって歩いて行くのです。どこで、誰の手によって、どんな状態で、その時を向かえるのか、それは聖母だけがご存知なのです。どうせ死ぬのなら、普通の死に方ではなく、聖母の騎士としての、死に方を選んで下さい。頭に弾丸を受けるのであれば、流れ出る血の最後の一滴までを振り絞って、全世界の霊魂を聖母のもとへ連れて行けるように…

私は自分の為にも、皆さんの為にも、このような最期の在り方を望んでいます。

愛する子供たちよ、これ以上素晴らしい行為があるでしょうか？

イエス様はおっしゃいました。友の為に命を捧げること、それ以上の愛はないと…

皆さん、食堂から出たら、すぐに必要なものを荷造りして下さい。それから会計の所へ行って、お金を貰って下さい。一晩中、二台の車が皆さんをワルシャワまで運ぶことになっています。そこからは、各自、自分で考えて行動してください。もし、行く先のまだ決まっていない兄弟がいたら、誰かがその兄弟を、一緒に連れて行って下さい。お願いします。

戦争が終わったら、新聞や雑誌にお知らせを載せますので、どうか修道院まで戻って来て下さい。また一緒に仕事に取り掛かりましょう。

このように話された後、コルベ神父様は跪いておっしゃいました。これから皆さんに最後の祝福を与えます。

「全能の神、父と子と聖霊の祝福が皆さんの上にありますように」すると兄弟たちは「アーメン」と唱えました。

兄弟たちは、それぞれ自分の目的地へと旅立っていきました。ある兄弟は涙でいっぱいになった目を拭いながら…

戦後ポーランドのニエポカラノフ修道院の資料館から送られて来たこの文章を読んだとき、私の胸は張り裂けそうになりました。この悲しい発表が出された当時、遠く離れて日本で暮らす私たちには、ポーランドのコルベ神父様や兄弟の緊迫した状態を知る術がなかったからです。

コルベ神父様の最後の百七十八日の苦しみ
(Br.ユベンティン・モドゼニエフ記)

一九四一年二月十七日、月曜日朝、コルベ神父様は自分の部屋の中を歩きながらアルノルド修道士にマリア様についての講話をなさり、アルノルド修道士はそれをタイプに打っていました。その仕事をする前に、二人は跪いて天使祝詞を三回唱えました。仕事を始めて数分たった時、時間は九時四十分頃、電話のベルが鳴りました。コルベ神父様は受話器を取って、一瞬ビクッとされた様子でした。「そうですか。」声が変わっていました。受付の兄弟はドイツ軍が来たことを告げたのでした。

「よろしい。よろしい。子供よ、すぐ行きますよ。マリア」声は落ち着いていました。

ドイツ兵が四人と普通の人で通訳らしい人物が一人、神父様を待っていました。

コルベ神父様はその怖い来客を自分の部屋に案内して行かれました。部屋に入るとドイツ兵は神父様に向って言いました。「あなたは少年達を司祭にするように教育していますね。あなたは大きな印刷所を持っていますね。」ドイツ兵達が印刷所を見たいと言うので神父様は案内しました。途中で修道士達が荷車を引いているのに出会い、「止まってください。この人達を通してください。」と言われました。

コルベ神父様はドイツ兵達にこの印刷所の目的は何であるかも説明しました。ドイツ兵達は部屋に戻ると、神父様に逮捕状を示しました。それには他に四名の司祭の名前がありました。ウルバン・チェスラク神父、ピウス・バルトシク神父、ユスティン・ナジム神父、アントニン・バジエフスキー神父でした。アルノルド修道士はそれらの神父様のもとに走って、コルベ神父様が至急来るように願っていると知らせました。コルベ神父様は後任院長をヴィエ・ルダク神父様に決めました。アルノルド修道士は「私も一緒に行きたい。」と申し出ましたが、ドイツ兵に「お前は若いから駄目だ。」と断られました。

神父様達は大きな自動車に乗ってワルシャワの方へ向いました。自動車が出発する前にペラギウス修道士はカバンに食べ物を入れて自動車まで持って行きました。コルベ神父様は自動車の窓を開けて、後任のヴィエ・ルダク院長様と立っていた修道士達に頭を下げて、「さようなら。」と言って窓を閉めました。十一時十五分、自動車は走り去りました。コルベ神父様の顔は悲しげで、苦しみに耐えているように神父様の口は祈りで動いていました。再び帰らぬ、死への旅路の出発でした。

ポーランド悲しいや
マリアの御名を高めんと
はるばる来たりし長崎の港
哀れその身はと問わば
母国ポーランドで捕らわれし
罪人の如く苦しめられ
隣人のため命捧げんと
マリアよマリア
我らたたえん

彼の死出の旅路を

一行を乗せた車はワルシャワに着き、神父様達は残酷なことで有名な刑務所に入れられました。コルベ神父様は数日後、四人の神父様達に修道服を脱いで背広を着るように言われましたが、御自分は修道服のままでした。そこはパヴィヤクという刑務所でした。数日後、コルベ神父様だけが別の部屋一〇三号室に移されました。その部屋にはすでに先着の二人がいました。神父様は御自分の態度と話し方で彼らを友人として接していらっしゃいました。三人は仲良くなって、自分達が刑務所に入っていることを忘れる程でした。しかし隣の部屋からは嘆き声が聞こえ、時々ピストルの音も聞こえました。

ある日、神父様の部屋一〇三号室にゲシュタポが入って来て、修道服を着ている神父様を見てカンカンに怒り、ロザリオの十字架を突きつけて言いました。「お前はこれを信じるのか。」「はい、信じます。」とコルベ神父が落ち着いて答えた時、神父様の顔に拳が二度、三度と飛びました。「信じるのか。」「そうです。強く信じます。」何度も頭や顔を殴られて神父様は口の中に血を感じました。顔は紫色になり目は腫れ上がりましたが、神父様は何度も言いました。「信じます。信じます。」扉をガタンと閉めてゲシュタポは出て行きました。一緒にいた二人が同情して神父様を助け起こすと、神父様は怒りも見せずに、「大丈夫、大丈夫。マリア様のために。」と言われました。神父様の傷が余りひどいので、看護婦と医者が来て病人のための部屋に連れて行こうとしました。神父様は行こうとしませんでしたが、看護婦達は神父様を助けたい一心で無理に病室に運びました。

少し良くなってから、神父様は図書館の仕事をさせられました。五月二十八日、神父様はオシエンチム（アウシュビッツ収容所をポーランドではこう呼ぶ）に送られました。そこで着る物と靴と番号をもらいました。番号は一六六七〇番でした。オシエンチムから一九四一年六月十五日に神父様がお母さんに書いた手紙が残っています。

「愛するお母さん、五月末に他の人達と一緒にオシエンチムの収容所に来ました。すべてはうまくいっています。御心配なさらないでください。神様はどこにでもいらっしゃるし、すべての人、すべての物について注意深く御心配していらっしゃるのですから。私の方には手紙を出さないでください。何故かと申しますと、ここにどれ位いるのか自分でもわからないのです。心からよろしく。コルベ・ライモンド」

オシエンチム収容所では神父様はいつもお腹をすかせていました。シラミやノミにもたかられていました。無理な仕事をさせられ、重い荷物を運ぶ時は何回も倒れました。そのような時には、ドイツの兵隊から蹴られたり、皮の鞭でたたかれたり、殺してしまうと怒鳴られたりしました。しかし神父様は怒りもせず、いつも同じ態度でそれらを忍びました。兵隊達は神父様の平和な心を見て逆に怒りを増すのでした。とりわけ、オシエンチムの皆が恐れているクロットいう名前の残酷な人物は、司祭達に対して特別に残酷な態度を見せました。「お前達を皆、火葬場まで送ってやる。」「世の中で一番悪いのはお前達だ。」などと叫んでいた人物でした。このクロットは特にコルベ神父様を敵視していました。

ある時、彼は神父様に文句を言いました。神父様は優しい目で彼を見つめていました。彼は、「私を見るな、下を見ろ。」と言いました。神父様に見られると、自分の汚い心を見通される思いがしたからなのでしょう。コルベ神父様がオシエンチムに来てから数週間後に、八キロ離れた所で塀を造る工事があり、神父様はその作業に行くことを命じられました。そこでは五百メートルも離れた所から材木を運ばねばなりませんでした。ところが朝食は一杯のスープに一切れの小さなパンだけでした。スープは小麦粉と水を混ぜて、キャベツが一枚か小さなジャガイモが一個入っただけの物でした。昼も大体同じ量でしたが時々、油が入っていました。そして豆やジャガイモの代わりに得たいの知れない固形物がはいっていることもありました。そんな物ででは働く力はでませんでしたが、そのために仕事を休みでもしたら大変で、たたかれたり蹴られたりしました。

ある日、コルベ神父様は重い材木を運んでいて倒れました。もう全く力がでません。たちまち兵隊が駆けつけて来て、鞭でたたいたり、足で蹴ったり、拳で殴ったりの暴行を繰り返しました。神父様は全く動けなくなってしまいました。兵隊達は動けなくなった神父様の上に木切れや板切れなどをかぶせて、置き去りにして行きました。数時間後、同囚達が神父様を見つけ収容所の病院に運びました。病院の人達はポーランド人だったので、神父様に対して親切でした。彼らが後で話したところによると、「私よりもっとひどい病人がいるから、ベッドはその人達にあげてください。」とおっしゃっておられたそうです。

二週間後、何とか元気になって病院を出ました。今度はジャガイモの皮を剥く仕事をもらいました。その仕事に代わることができたのは、病院係の人達が神父様は余りに弱いから重労働はできないと特別に進言してくれたお蔭でした。神父様にとって大きな恵みでありました。ところがコルベ神父様は今度は夜寝る場所を、わざわざ出口の所に選んで、「ここから、亡くなった人達を運んで行くから、私はここで彼らを祝福しましょう。」と言われました。夜になると告解に来る人も大勢いました。雑談に来たり、悩み苦しみを訴えに来る人達。「どうしてこんなことを神様は許しているのでしょう。」このようにして人々は神父様のもとに集まりました。現実に苦しみを背負っている人達の集まりでした。全員が死に直面している。一般社会では想像もできない集まりです。コルベ神父様はその中心的存在でした。

ある日、恐れていたことが起こりました。第十四号棟から一人の囚人が逃げました。その罰がどんなものか皆、知っていました。その夜は心配で誰も眠れませんでした。「天国はもう近い。マリア様は私達を守っておられます。」神父様はそう言って皆を慰めました。その夜、多くの人達が告解をしました。不安の一夜が明けました。

広場には暑い太陽の下に寝不足の囚人達が立っています。二時間、三時間と時は過ぎて行きます。囚人達は昨日から何も食べていません。長い間、立たされ続け、立つ力を失って倒れた人達を兵隊たちは火葬場に運びます。皆死を待っているかのようでした。コルベ神父様はひたすら祈っていました。恐れていた秘密国家警察官達が近づいてきました。皆の心配はつのります。誰が呼ばれるか、呼ばれるのは自分なのか、逃亡者の成功は皆にとっては不幸なことでした。時間は刻々と過ぎていきます。「逃亡者は見つからなかった。規則通りお前達の中から十名が餓死牢に入ることになった。」そして、「こいつ、こいつ。」と列の前を指さしていきました。コルベ神父様の前は通り過ぎて行きました。突然、近くで誰かが叫びました。「もう妻にも会えない、子供にも会えない。」叫んだその人は泣きながら十人の死の仲間に入りました。その人はポーランドの兵士ガヨウニチェック軍曹でした。突然、コルベ神父様がゲシュタポの方へ歩き出しました。「止まれ、撃つぞ。」ピストルが神父様に向けられました。「何が欲しいのか。」とフリッツが怒鳴りました。彼の前に神父様は立っていました。「私はあの人の身代わりに牢屋に行きたいのです。」「お前は誰だ。」「私はカトリックの司祭です。」「どうして行きたいのか。」「私はもう弱っているし独身です。あの人はまだ若いし奥さんも子供もいます。」「よろしい、行け。」と命令しました。罪なき十人の不幸な行列は餓死牢に向かいました。ちょうど夕暮れで太陽が最後の光線で収容所を照らしていました。行列は牢獄に入り、扉が閉まりました。もう二度と出ることのない部屋。生き残った人達は、暗い沈黙の中で自分達の部屋に戻って行きました。牢獄の上の部屋にいた人達は、その牢獄からマリア様への賛美歌が流れて来るのを聞いていました。深い墓から響いてくるように感じました。三、四日の間、歌や祈りが聞こえていました。しかしそれもだんだんと聞こえなくなり、朝になると死体が運び出され、火葬場に消えていきました。

最後の日がきました。残りの三人は意識を失っていましたが、コルベ神父様だけは意識があり、部屋の隅に座っていました。

部屋に入って来たドイツ人の元犯罪人ボフは、神父様の腕にフェノールを注射しました。神父様は注射をされるがままになっていました。遺体は火葬場に運ばれ、焼かれました。

このコルベ神父様の最後は、ボルゴフスキーという人が話してくれました。この人はポーランド人で他の人達と同じくゲシュタポに捕らえられて、収容所に入れられた人でしたが、ドイツ語が分かるので通訳としてその牢獄の係りになっていたのです。

コルベ神父様の言葉より

ぜひ日記をつけてください。書いたものはいつまでも残ります。無原罪のマリア様の栄誉になるように書いてください。いつかきっと役にたちます。

死ぬことは、ちっとも恐ろしいことではありません。皆さんはいつ訪れるかわからない死の準備をしていて下さい。

他の修道士がもし時間に遅れて来たり、修道服を着ていないようなことがあっても、すぐには文句を言わないで下さい。また欠点がみえてもすぐに注意するのはよくないことです。

決してマリア様から離れないでください。もし、マリア様を尊敬できなくなったら、あなたがたのすべては潰れてしまいます。このことをこれからの若い人たちに教えて下さい。

あなたがたは修道生活を送るにあたって、ロザリオの祈りを大切にしてください。そうすればきっとマリア様は、あなたがたを幸せにして下さるでしょう。私たち修道者は、毎日、ロザリオの祈りを唱えなければならないと思います。

回心の恵みはマリア様のお取次ぎなしには得られません。マリア様はルルドにご出現になったとき、手にロザリオをお持ちになり、償い、償い、償い、と三回繰り返されています。聖なる生活を送るためには、ロザリオと償いの二つの手段がどうしても必要なのです。

毎月聖母の騎士誌の仕事始めと終わりに、マリア様にロザリオの祈りを捧げて、特別に祈ります。聖母の騎士誌を読む人が、神様とマリア様の方へ近づきますように、つまり、カトリックの教えに導かれますようにと祈っています。

兄弟たち、無原罪の聖母を完全に信頼しましょう。聖母は、私たちを導いて下さいます。従順について、話し過ぎるということはありません。何故なら、神のみ旨を果たすには、他に方法がないのですから。何か良いことをしたとしても、そこに従順がないとしたら、無意味だと思って下さい。

私たちはこの国の人たちに対していつも親切な態度をとらなければなりません。それによって人々を神様に導くことが大切です。

なんと美しい自然でしょう。日本の国はいつカトリックの国になるのでしょう。私たちにはやらなければならない、たくさんの仕事があります。

苦しみや悩みは私たちに、神様のことを思い出させてくれる役割をもっています。ですから私たちは、本当は苦しみがあるとき、感謝しなければならないのです。私たちは、苦しみ、悩み、悲しみがあったとしても、喜びをもって生活していきましょう。神様とマリア様に喜んで仕えましょう。

マリア様の教会での役割が充分、理解されていないようです。マリア様は三十年間もイエス様と一緒に生活されました。マリア様の心はいつもイエス様と同じだったでしょう。ですから、私たちは、イエス様とマリア様を同時に日本の人たちに教えていかなければならないのです。

あなたたちは出来るだけ度々マリア様の御像をながめて下さい。しかも、目が疲れるほど度々ながめて下さい。なぜなら私たちの霊魂がマリア様から離れると、悪魔は直ちにその霊魂の主人となり、その霊魂を自分のものとして獲得したことを喜ぶからです。

ある人が、道端で、一冊の聖母の騎士誌を拾ってよみました。その内容に興味を持ち、カトリック教会を訪ね、神父様のお話を聞くようになりました。しかし、このように聖母の騎士誌を熱心に読む人は少ないと思います。たいていの人は、聖母の騎士誌を手にしても、何も感じないで、机の上に置いておくだけです。これはなぜでしょうか。その本に恵みが足りないからなのです。

人のやっていることをあまり見ないようにしましょう。目を閉じればいいのです。

私たちの悩みや苦しみは、私たちの死の時までということです。私たちの死は、意外と早く来るかもしれません。死が早く来れば、私たちの苦しみや悩みは長くは続かないということです。ですから、忍耐と希望をもって、苦しみや悩みと闘っていきましょう。わずかの時間のうちに、苦しみは去っていくものなのです。

聖母マリアに信頼して下さい。マリア様に自分の総てを捧げ尽くしてください。兄弟たち、聖母マリアを愛してください。これが、私のあなたがたに残す最後の言葉です。

幸せは何処にある?

全ての人が幸せを望んでいます。また、その幸せを追い求めています。しかし、その幸せを得ることの出来るのは、ごくわずかな限られた人たちです。どうしてなのでしょうか? 何故ならば、多くの人たちは本当の幸せの在り処を知らずに、見当違いの所を探しているからなのだと思われます。

たとえば大通りに出て、目を向けますと年をとった人、若い人、大勢の人々が歩いていますが、皆、一人一人の人間には、それぞれの目的があって、それを追い求めているのだと思われます。すなわち幸せを探しているのです。

通りには大小様々な車が走っていますが、車に乗っている人々も、やっぱり幸せについて考えていることでしょう。

今度は通りの両側にある、商店の大きな飾り窓の中に目を向けますと、目を見張るような、素晴らしい品々が綺麗に飾られています。ある人たちは、その品物を手に入れて、幸せな気分を味わいたいと、感じているかもしれません。このように、どこでもあらゆる場所で幸せは、求められているのです。

しかし、すべての人々が皆、人生の終わりを迎える時に、〝ああ素晴らしい人生だった！　幸せだった！〟と振り返ることが出来るでしょうか？

多くの人たちは、物質的な富や宝を得るために努力を惜しみませんが、それを手に入れ、目的を果たした途端、もはやそれでは満足出来なくなって、更に何か新しいものを得ようとして、また努力を始めます。どんなに多くの宝物を手に入れても、どんなに富を積んでも満足出来ずに、もっともっと違う物が欲しくなるのです。

しかし、満足出来るような物を、本当に集めることが出来るのでしょうか？　たとえ、世界中の富と宝を手に入れられたとしても飽きたらずに、今度はきっと、遠くの月を眺めて、こう呟くことでしょう。「あそこへ行けば、きっと何かがあるに違いない」と。

たとえ、たくさんの財産を築いても、病気や、泥棒、不慮の事故に遭って、突然死ぬかもしれません。その時はいったいどうなるのでしょうか？　物を残して、自分だけが死んでいかなければ、ならないでしょう。それでは、今まで一生をかけて集めた物とは、いったい何だったのでしょうか?

とにかく〝幸せ〟とは簡単に得ることの出来ない難しいものなのだと云うことが解かってきます。もう少し考えてみましょう。

〝人生〟と云う劇場の扉の上には、〝人生はダンスです。楽しく踊りましょう!〟と誘惑の言葉が書かれた大きな看板がぶら下がっています。その中に快楽を求める人たちが、列をなして入って行くのですが、その人たちは本当に幸せなのでしょうか? 若者たちはこの楽しさが、永遠のものであるかのように錯覚してしまいますが、やがて年を取って、人生と云う物には限りがあるのだと、気がついた途端、突然虚しさに襲われてしまうのです。人生には限りがあって、いつまでも楽しく踊り続ける訳にはいかないのです。

あるいは、偉くなりたい。有名な人になりたい。大勢の人たちから尊敬してもらいたい。とにかく偉くなって世界中のすべての人たちから注目してもらいたいと考える。もっと、もっと、もっと…

しかし名声などと云うものは、生きている間だけのものであって、永遠に続くものではありません。死んでしまったら跡形も無く、消えてしまうのが常なのですから。仮に、死んだ後に立派なお墓が建てられて、誉め讃えられても、いったいそれが何になるのでしょうか？　それさえも、束の間のことであって、あっけなく忘れさられてしまうのです。

もしも、生前に残した富や栄誉で人の価値が決まり、天国での権利を得るのだとしたら、不幸な人生を歩んだ人の苦しみは、永遠に続くとでも云うのでしょうか？　そんなはずはないでしょう。

人間の究極の目的、願い望みとは、本当の自分を見つけることではないでしょうか。もっと上の自分を目指すこと…それは物質的に恵まれることや、快楽に溺れることでは決してないはずです。

〝しあわせ〟とは、自分を知り、自分を高めて行く過程に、また、この限られた人生を突き抜け、自分を越えて行った所に存在するものなのでしょう。目で見ることも、手で触れることも出来ないけれども、それは確かな存在であって、永遠に持続する素晴らしいものに違いありません。私たちは永遠普遍に朽ちることのないものを求める為に、この世に生まれてきたはずなのです。

〝しあわせ〟それは誰にでも必ず手に入れることの出来る物であるはずです。

もし得られないのであるなら、それは求めていないからではないでしょうか?
求めても得られないのだとしたら、それは、求めている場所が違っているのか、
間違った動機で、それを求めているからに違いありません。
幸せは、自分自身の中に求めて行くものなのです。

あとがきにかえて

私は宣教師として日本に派遣されましたが、体の自由がきかなくなった今、日常生活が自室と聖堂にあって、本来の修道生活に戻れた気もしています。その一方、先日も病に倒れ、入院を繰り返しましたが幸い神様は、修道院へ戻してくださいました。その後通院のため外出するのも楽しいと感じてしまいます。それは、そこで出会う方々と接するのが嬉しいのです。全ての皆さんが私の友達です。

考えてみますと、約七十年前、私は、ポーランドのニエポカラヌフで修道士になりましたが、その人生では、この長崎聖母の騎士修道院で修道士セルギウス・ペシェクは生まれ。コルベ神父様に育てられ、鮭のように川から大海へ…東京、。兵庫でも、その他各地で命じられるまま宣教師として働きました。そして再び長崎聖母の騎士修道院に戻って静かに余生を過ごしています。遠い国ポーランドから来て、どれだけ皆さんの近い人になれたかわかりませんが、私は、コルベ神父様と同様に日本人も、この国も愛しています。

マリア！　今日も一日の始まりに皆さんへの挨拶を送り、そして皆さんの幸せを聖母に取次ぎを願い祈ります。私には、たくさん祈る時間がありますから…ごきげんよう！

ポーランドの思い出

はじめに

すでにご存知の方もいらっしゃるかも知れませんが、私は今までに二冊の本を書いてまいりました。

文章を書く専門家ではない全くの素人、つまり大工仕事一筋、無学な一修道士の視点で書かれた、有りのままの平凡な昔話、体験を、思ってもみないほど大勢の方々が読んで下さいましたこと、大変うれしく受けとめ、心から感謝しております。

「もう少しだけ、書いておきたい！」との、私の計画を皆様がお知りになったら、どのように思われるでしょうか？〝調子に乗りすぎだよ！いい加減にやめればいいのに！〟

そう言われてしまいそうで心配なのですが、あと少しだけ、私の思い出話にお目を通して下されば、幸いです。

私達修道士は日々、祈りと労働を神様に奉献しています。はっきり言ってしまえば、あまり目立たない地味な仕事を通して宣教を目指しているのです。

元気だった若い頃は、大工仕事（修道院建造、拡張工事、修繕、新しい教会の建造等）が私の修道院での主な役割でしたが、炊事、騎士誌作りや配布のお手伝いも致しました。御像作りの達人、ローマン兄弟に習って、御像も作らせて頂きました。後年は受付の仕事もやりました。庭の管理、コルベ神父様が愛された場所、美しいルルドの番人も…。

長い修道生活において、受身的な環境ではありましたが、多くの方々との出会いにも恵まれ、素晴らしい時間を過ごす機会が与えられました。

日々の小さな感動、辛かったこと、悲しかった出来事を、私は書き記しておきました。

それは「日記をつけなさい！」と常々おっしゃっていたコルベ神父様との約束でもありましたが、長い間に、私自身の習慣になっていた為です。

まさかこの私が、自分の本を残せるなどとは、本当に夢にも考えていませんでした。

日々の生活は代わり映えのしない、平凡な生活であっても、それらは積もり積もって、かけがえのない人生の物語となるのだと云うことを、今更ながらに気付かされ、実感している次第です。

今ではもう足が言うことを聞いてくれなくなり、目もすっかり衰え、身体ははっきり言って、自分の思い通りには動いてくれません。しかし頭が少しでも働く限り、書き残そうと思っています。

私のささやかな日々の出来事を…ありきたりの修道生活を…


気が付けば、あまりにも多くの月日が過ぎ去って行きました。それは長くもあり、夢を見ているようにあっと言う間の出来事でもありました。

日本での生活が、ポーランドでの生活よりもはるかに長いものとなった今日であっても、尚、私はポーランドで過ごした幼い日々の出来事、切ない青春の日々の思い出を、今でもはっきりと思い出すことが出来るのです。それは正確に表現するなら、脳裏に焼きついていて、決して忘れることが出来ないと言ったほうがいいかもしれません。

本当に不思議なもので、思い出は時間が経過した今でも色褪せること無く、つい、昨日のことのように鮮やかに思い出されてくるのです。

九十七歳を迎えようとしている私ですが、まぶたを閉じれば、瞬く間に四歳の頃へと簡単に戻って行くことが出来るのですから…

それではまた一つ、思い出すままにお話し致しましょう。

仲直り

私がまだ七、八歳だった頃のこと、胸が締め付けられるような、悲しい事件が起こりました。それは厳しい寒さが通り過ぎて、待ち望んでいた春が訪れたばかりの季節だったと記憶しています。

父の仕事は大工でしたので、家業はと尋ねられれば、大工と云うことになるのかも知れません。が、我が家は家族全員で力を合わせて、自給自足を行っている農家でもありました。冬の間父は、おもに家の中で作れる家具などを手掛け、暖かくなると外に出掛けて行って、本業の大工仕事を行っていました。家では放牧、畑の仕事とやるべきことは手いっぱいありました。

我が家は両親に男の子が三人、女の子が三人の兄弟姉妹（男女交互に二つずつ歳が離れた）で構成された八人家族でしたので、大きな子供も小さな子供も、皆それぞれに出来る仕事を与えられて、助け合って生活していました。お世辞にも裕福とは言えない経済状態であったと思いますが、家族は団結していて、とても仲の良い幸せな毎日を送っていたのでした。

私達は朝早く、太陽と共に起床すると、男の子供は父親と一緒に仕事の準備を始め、女の子供は母親の手伝いである朝食の支度や、牛や鶏の世話などに取り掛かりました。

我が家では仕事の準備室として、わりと大きな部屋が使われていたので、朝食後は皆そこに集まり、必要な物を揃え、また仕事の分担などを確認し合っていました。

その日も、朝食を終えたばかりの大勢の子供達、すなわち私や兄弟姉妹が、幾分騒ぎながらもその部屋の中で、両親が来るのを待っていた時のこと…。

突然隣の部屋から泣き声が聞こえてきたのでした。びっくりした私達が急いで駆けよって扉を開けますと、なんと泣いていたのは、母ではありませんか。

そばに立っていた父は、とても困った表情で「何でもない、たいしたことじゃないから、あっちへ行っていなさい！」と気まずそうに言いました。しかし、興奮していた母は、私達の前でも構わずに「私はもういや！　出来ないと何回も言ったはずです！」と。

上の兄と姉がすぐに部屋に入って、父を引っ張り出してから、急いで扉を閉めました。おそらく小さな弟妹が必要以上に心配しないようにしたのでしょう。

父はそのあと、納屋に一人で閉じこもってしまいました。私と妹はとても心配になって、藁の上に寝転んでいる父の側に行き、三十分くらいでしょうか、沈黙したままの父を慰めようと、冗談や面白い話をして奮闘しました。それは子供心にも父がとても哀れに思えたからでした。事実、父はその時、すすり泣いていたのですから。

私達は、ぼんやりとしたままの父の手を取って、家に入るように何度も説得しました。しかし父は、なかなか聞いてくれず、とうとう無理やり手を引っ張って、家の中に連れ戻すことになったのでした。

父は部屋に入るや否や、すぐに母の所に駆けよって前に跪《ひざまず》き、手や頬にいっぱいキスをしながら、「すまなかった！　私が悪かった、悪かった！　どうか許してくれ。もう二度と君を悲しませるようなことはしないから…」と、何度も何度も繰り返して言ったのでした。

母はしばらくの間、何も言わず黙っていたのですが、上の兄が助け舟を出すように「よく解かりました。もう二度とお母さんを悲しませるようなことはしないで下さい。今度こんなことがあったら僕達が絶対に許しませんから…」と言って、父を優しく、まるで友達のように抱きしめたのでした。

上の兄や姉には何故このようなことが起きてしまったのか、その理由が解かっていたかもしれません。しかし小さな私達には、驚きと、悲しみが入りまじった何とも言えない思いだけが残されました。

母はとても芯の強い女性でしたので、間違っていると思えば誰に対してでも、はっきりと物が言える人でした。ですから、父と母が議論している姿を目にすることはしばしばあった訳です。母が大声を出して泣いているなんて…人の為に涙を流している、母の姿を見ることはあっても、父と言い争って泣いている、母を見るのは初めてでした。

大勢の子供を生み育て、足が不自由であるにもかかわらず、家事に畑仕事にと頑張っていた母。私達にとって母は、欠ける所など一つも無い、〝完璧なお母さん〟だったのです。

子供の私達にとって、泣いている母の姿を見るだけでも大変ショックでしたのに、複雑に頭を悩ませたのは、母を泣かせてしまった父が、少しも悪者のようには見えずに、むしろ可哀想にさえ思えたことでした。

結局、あの揉め事の原因が、何であったのかは解かりません。あのあと、父と母はまるで何事もなかったかのように、また元の仲のいい両親に戻ってくれましたが、私の心はしばらくの間、不安でいっぱいでした。

〝また、あんなことが起きたらどうしよう！〟と。

私は二十一歳になってすぐに修道院に入り、生涯独身の道を選びましたので、おかしな言い方をすれば子供のまま、何かを飛び越えて、歳を取ってしまったような感覚が、どこかにあります。

結婚をせずに、子供を育てたことも無い私には、あの頃の両親が抱えていた問題、つまり、夫婦であり親である者の悩みや苦しみを、正直に言って、何一つ理解することなど、出来ないでしょう。

若くして結婚して、大勢の子供の親となった両親。彼ら自身の悩みや苦しみを抱えながらも、子供達の為に、持てる力の限りを尽くしてくれた父と母。逃げ出したくなっても、大声で泣き叫びたくなっても、ちっとも不思議ではありません。

子供の目に映った母の涙、父の涙は、それは大きな衝撃でした。こんなにも歳を取った今、おじいちゃんになった私の目に甦るのは、あの頃の若い父と母の、きらきらと輝いている健気な姿ばかりなのです。

猫

ポーランドの夏は、日本の夏ほど蒸し暑くはありません。それでも夏の間は、布団を移動させるなどして、夜寝る時には出来るだけ涼しい場所を、探さなくてはなりませんでした。（現在ではきっと冷房機などが使われているのでしょう。）

私の家庭も例外ではなく、特に大きな人達は涼しい場所を好んで使っていました。私の家には、夏の間、暑さをしのぐのにうってつけの場所（小屋）がちゃんとあって、そこで寝られるようになっていたのでした。

ある晩、父と、すぐ上の兄と、三歳になったばかりの甘えん坊の妹と私が、その小屋でいつものように寝ようとしていた時のことでした。

父は躾の面ではかなり厳しい人でしたが、とても子煩悩だったので、普段は子供達をとても可愛がってくれ、また面倒を良く見てくれました。ですから悪いことをした時に、どんなに叱られようとも、子供達は父が大好きでたまらなかったのです。（子供には愛情を込めて怒ってくれる人がちゃんと解かるのです！）

父と一緒に寝られる夏の間は、とにかく嬉しくてたまりませんでした。毎日が、いつもとは違う特別の日となったのですから。

私達は、寝る前に思いっきり遊んで、ひとしきり楽しい時間を過ごしていました。ゲームに枕投げ…。本当に毎日、毎晩が楽しいことばかりの連続でした。

懐かしい日々、目をつぶれば魔法のように、思い出すことが出来るのです。昨日のことのようにはっきりと、まるで映画でも見ているように鮮やかに。身体はすっかりおじいちゃんでも、心はあの時と同じ、子供へと戻って行くのです。

とても効率がよいと云うのでしょうか、私達は遊び疲れて（ヘトヘトになるまで充分に力を使い果たして）ぐっすり眠りに就いたという訳です。子供には、夏の暑さなんて目ではありません。暑くて眠れなかった経験など、一度もありませんでした。

しかし、父のいびきは別問題でした。それはとても大きかったので、私達は度々、眠りを中断されました。でも皆慣れていたので、すぐにまた、眠りに戻れるといった具合でしたが。

あの晩の出来事は、父のその大きないびきで、私が一度目を覚ましてしまった、まさにそんな時に起こってしまったのでした。

いつもとは少し、周りの気配が違っていたので、なかなか寝付けずに眠気がだんだんと覚めていきました。父は、相変わらず大きないびきをかいていました。

ぐっすり眠っている父や兄妹達を羨ましく思っていると…。

地面から四メートルほどの高さの所、宙に光っている怪しげな二つの丸い物体を、目撃してしまったのです。夏の間はよくここで寝ているというのに、今まで一度もこんな不気味な物を見たことがありません。気のせいでしょうか？　それとも幽霊なのでしょうか？

とても恐ろしくなって、目はますます冴えていく一方です。

息を殺して、しばらくは黙って様子を窺っていましたが、とうとう余りの恐ろしさに我慢出来なくなった私は、父を起してしまいました。

「ねえ、お父さん起きてよ！　大変なの！」私の只ならぬ声で目を覚ました父は、すぐにそれが何であるかを見極めたようでした。

「大丈夫！　そんなに恐がることはないよ、あれは猫の目だから…。」

「え！」それを聞いて、私は安心するどころか、ますます恐ろしくなってしまったのでした。

何故ならば、昼間の出来事が直ぐに私の頭の中に甦ってきたからです。〝僕は昼間、お兄さん達と遊んでいる時に、いたずらをして子猫を何度も叩いてしまった！〟と。

〝本当にあの猫なのかな？　でもどうしてここに居るのだろう。まさか昼間のことを恨んでいるのではないだろうか？　きっとそうに違いない。僕がここに居ること、どうして解かったのだろう…〟

何も知らない父は、冷静な態度で静かに兄と妹を起して、猫が急に飛び掛って来るかもしれないので危険だから、毛布を体に巻きつけているようにと言いました。

しばらくすると、その二つの光りは消えて無くなりましたので、私達は少し落ち着きを取り戻しましたが、父は黙って何かを考えているようでした。

私達三人はビクビクしながら一緒になって、父から少し離れた所で、毛布や側にあった色々な物を巻きつけてじっとしていました。

辺りは信じられないくらいの静寂に包まれていました。しかし、父には次に起こることが、はっきりと解かっていたのでしょう。とても慎重に、起こるであろう事態を待ち受けていたのでした。

すると突然、その物が、父を目がけて飛び掛ってきたのでした。父は大人でしたから、私達みたいに騒いだりせずに、テキパキと冷静に対処したのでした。すなわち、飛び掛ってきた危険な物体を、毛布や辺りにある物で覆いかぶせて、見事に捕まえたのでした。

私達は大歓声をあげ、手を叩いて喜び合いました。

しかし安心したのも束の間、私は直ぐに父に願いました。「お父さん、どうかお願いだからその子猫を叱らないで！　叩かないでね。動物は人間みたいに知恵がないから、悪いことをしても全く解からないんだよ。」と。

そう言いながら、昼間、無抵抗な小さな子猫を面白半分に何度も叩いてしまったことを心から反省していたのでした。

そう、悪いことをしたのは猫ではなく、この私でしたから…。

この出来事は私に、小さな動物にもちゃんと知恵があり、心があることを深く思い知らす事となりました。

経緯を知らない父はこの事件のあと、普段は手に負えない、いたずら坊主の私を、見直したと思います。とても心の優しい子供であると思ったに違いありません。何しろあんなに恐ろしい目に遭いながらも、猫をかばって、「叩かないでね！」と何度も懇願したのですから…。

私はあれから二度と、動物を叩かなくなりました。

林檎《りんご》

それは第一次世界大戦が、まだ始まったばかりの頃の出来事です。私がまだ十歳ぐらいの時のことでした。

私が住んでいた家は、ワルシャワとクラコフと云う、二つの大きな町を結ぶ広い国道沿いの村にありましたので、戦争が始まると、大勢のポーランドの兵隊達が、その国道を毎日のように通り過ぎて行きました。今思えば、それは悲しい時代の幕開けとも云える光景だったのです。

或る日、国道を数十名の兵士の一団が、戦地に向かう為に行進していた時のこと。

それは忘れもしない林檎の季節でした。我が家の木々にも、赤くて大きな林檎がいっぱい実をつけていたのでしたから。

家の畑の前を通り掛った多くの兵士達は、当り前のようにためらいもせず、馬から下りてその林檎をおいしそうに食べ始めました。自然と部隊はそこで一休みとなったのです。

まだ若くて、恐いもの知らずだった姉達がそれを見つけて、あわてて畑へ出て行って叫びました。「どうして、だまって勝手にうちの林檎を食べるのですか？」と。

姉達の抗議を聞くや否や、一人の兵士が顔を真っ赤にして、体を震わせながら怒りをあらわにして、言い返してきたのでした。

「私達は国の為、国民を守る為に、戦地で命を捧げようとしていると云うのに、お前達は、わずかな林檎さえ、差し出すことが出来ないと云うのか…けしからん！宜しい解かった！」何とそう言いながら、姉達に鉄砲を向けて、引き金を引こうとするではありませんか。側に立っていた私は恐ろしくて体中の血が、凍ってしまいそうになりました。

その時、一部始終を見ていた、その隊の大将と思われる一人の兵士が、「やめろ！撃つな！　そんなことしていったい何になると云うのだ。お前達が悪いのではないか！」と叫んだのでした。

そして「ちゃんと断って願えば、その可愛いお嬢さん達も喜んで、林檎を差し出してくれただろうに…」と諭したのでした。

あまりにも突然の出来事にびっくりした姉達も、緊張がとけて我に返り、急いで林檎を兵隊達に取って渡してあげたのでした。

結局、そのあとは皆、すっかり打ち解けて仲良くなることが出来ました。別れ際には、私達は手を振って、兵隊達を名残惜しく見送ったほどでした。

真っ赤な林檎を目にする時など、私は今でも時折、あの大騒ぎの日に出会った、美しい顔立ちをした、一人の若い兵士のことを思い出します。

騒ぎが治まり一息ついた頃、少し離れた所に立っていた若い兵士が、私の側までわざわざ歩いて来たかと思うと、突然私の手を握り締めて、目に涙を浮かべながら、このように言ったのでした。

「坊や、私達は戦いに行きます。多分私は死ぬでしょう。でも、本当は死にたくはありません！　生きて帰ってきたいのです。どうか私の為に祈って下さいね。」

涙を拭い、悲しそうな表情を浮かべたまま、馬にまたがって、皆と一緒に戦地へと発って行ったのでした。それは本当に寂しそうな後ろ姿でした。

私は、彼らの姿が見えなくなるまで、必死になって手を振り続けました。

それからは毎日、私はその兵士の無事を願って真剣に祈り続けました。

「神様、どうかあの兵隊さんが無事に生きて戻ってこられますように。」と。

しばらくたった或る日、悲しい知らせが私のもとに届きました。家族でも親戚でも友達でもなかった私に知らせる為に…。

あの若い兵隊さんが戦死したのでした。わざわざ立ち寄ってくれたのは、多分、彼（あの兵隊さん）の友達ではなかったかと思われます。

一度きりの、一瞬のような出会いであったにもかかわらず、私は彼の為に必死になって祈りました。彼の手の温もりと、あの寂しそうな眼差しが忘れられなかったからです。何としても無事に帰ってきて欲しかったからです。

彼もまた、あの時の甘酸っぱい林檎の味と共に、別れを惜しみ合った小さな男の子のことを、忘れずにいてくれたのでしょう。戦いの地にあっても尚…

国を守る為とは言え、本当に無念の死であったと思います。どんなにか生きて帰りたいと願ったことでしょう！　人と人が殺し合う戦争に、いったい何の意味があると云うのでしょうか。

あの若い兵隊さんは、平凡に生きること、生きられることの素晴らしさを伝える為に、まだ子供だった私の所に、わざわざ立ち寄ってくれたのではないでしょうか？　そう思えてなりません。

生きることは、生かされていると云うことは、ただそれだけで素晴らしい！　本当に有難いことなのだと、私は大きな声で叫びたい！

いったい、いつになったら戦争の無い、平和な世の中が訪れてくれるのでしょうか？

今日も尚、罪のない多くの人々が飢えに苦しみ、傷つき、肉親を殺され、かけがえのない命が無残に奪われているのです。

この有様をあの若い兵隊さんはいったいどう思っているでしょうか。アウシュビッツの収容所で虐殺された多くの人達は…。

広島で、長崎で、原爆の犠牲になった人達は…そしてすべての戦争で尊い命を奪われた人達は、いったいこの私達の世界をどう見ているのでしょうか？

そのことを考える時、私の心はとても痛みます。

二つの戦争を体験した私は、大勢の方々の犠牲の御蔭で生き長らえることが出来たと実感しているからです。

犬

少し前に、猫についての出来事を書きましたが、今度は犬にまつわる思い出をお話ししたいと思います。

我が家では二匹の犬を飼っていました。それはペットと云うよりむしろ番犬として、おもに夜の間、泥棒から大切な家族と財産を守る為に飼っていたのでした。どうしてなのかは解かりませんが、一匹の犬は建物と建物の間に、太い針金をはって柵を作った中に入れておき、夜は柵に長い鎖を付けて、ある程度自由に身動きがとれるように繋いでいました。もう一匹はどこにも繋がずに、完全に自由にさせていたのでした。寂しくないよう、二匹の犬がいつも仲良く遊べるようになっていたことは確かです。

ある晩、真夜中頃、その犬達がものすごく吠え出しました。今までこんなことは一度もありません。恐らく泥棒が侵入したのでしょう！　いつもとは違う、不自然な犬の吠え方で目を覚ました父が窓の外に見た物は…。

母屋の建物のすぐ近くに立って、中の様子を窺っている不信な人影でした。〝泥棒にちがいない！〟父は、ベッドの下に隠してあった拳銃を急いで取り出し、気づかれないようにそっと外に出て行き、威嚇の為に一発撃ったのでした。

別棟の部屋で寝ていた兄と私は、騒がしい犬の鳴き声と銃声にびっくりして、目を覚ましました。こんなに間近で銃声を聞くのは、初めてでしたから。てっきり泥棒が犬を撃ち殺したものだと思い込み、恐くて恐くて、ぶるぶると震えていました。まだ二人とも小さな子供でしたので、部屋の中で怯えながら、どうなってしまうのだろうかと、心細くなって泣いていたのでした。

しばらくすると、誰かが私達の部屋の方に近寄って来るではありませんか。見つかったら殺されてしまうかもしれません！

その時、「私だ、大丈夫！　お父さんだ。」と声がしたのでした。私達二人は、安心してドアを開け、父に走り寄ってしがみ付きました。

兄が興奮しながら「誰が拳銃を撃ったの？」と父に尋ねると、父は「これか…」

と、苦笑いしながら手に持っていた拳銃を、暗がりの中でこっそりと見せたのでした。

〝まさか父が拳銃を持っていたなんて…〟

何も知らなかった私達は、大変びっくりしてしまいました。考えてもみないことだったからです。

その時何故だかふと私は、朝早く人目を忍ぶようにそっと寝室から抜け出して、倉庫に入って行く父の姿、夜遅くなって再び倉庫に入り、それから寝室に向かう父の姿を、思い出していたのでした。(何故そうしているのか、普段は別に、気にも留めていなかったのですが。)

私はそのことを父に問うてみると、父は渋々、次のように話してくれたのでした。「昼間はこんな物騒な物を部屋には置けないから、倉庫の中に仕舞って置くけれども、夜寝る前に取りに行って、ベッドの下に隠しておくのだよ。それは今晩みたいな侵入者から、お前達家族を守る為にね…」と。

父の話がまだ終らないうちに、兄が「ねえ、どこでその拳銃を手に入れたの?」と、ますます興奮して尋ねますと、「教えてあげてもいいけど、誰にも言ってはダメだよ！」と、唇を指でそっと押さえながら父はこのように答えました。

「今、ソハチェフと云う町には、大勢の兵士達が駐留しているのだけれども、兵士達は沢山の馬を持っているので、畑の肥料にとても良いと思った私は、馬の糞を分けて貰おうと兵士達の所に行ったのだよ。或る日、顔見知りになった兵隊がこれを安く売ってくれたという訳さ…」

「でも絶対に、この拳銃のことは誰にも話してはいけないよ！　解かっているね。警察に見つかったら厄介なことになってしまうから。」

その晩、夜はかなり更けていたと云うのに、私達三人は御褒美として、犬にいっぱい御馳走をやりに行きました。犬達が懸命に吠えてくれたこと、殺されずに無事に生きていてくれたことが嬉しかったからです。が、それはまた、三人の絆を確認する為の、秘密の儀式のようなものでもありました。

あの晩銃声を聞いたのは、不思議な話ですが兄と私だけでした。兄と私があんなに恐ろしい思いをして、父の秘密の共有者にまでなってしまったと云うのに…。

母や他の兄弟達はぐっすりと眠っていて、事件にはまったく気付いていなかったみたいなのです。

この話の最後にもう少しだけ付け加えましょう！

温かな部屋の中で、家族全員が集まって過ごす、夕食後の団欒のひと時、ついつい楽しい遊びや話に夢中になってしまう子供達に、父はいつも決まって「もう夜遅いから、そろそろ寝なさい！　明日も学校、仕事があるのだし…」と声を掛けました。そして皆が部屋を出て行くのをしっかり見届けてから、小さな声で特別の〝おやすみ〟を言う為に兄と私のところに来てくれるのでした。

「かわいい坊や達、あのことは誰にも話さないように。解かったね！　それではゆっくりとお休み。また明日ね。」と。

そんな日々がしばらくの間続きました。

家族を守る為にとは言え、大好きな父が密かに拳銃を隠し持っていたのを知った時、私はカッコイイなんて少しも思わず、絶望的な気持ちになって、とても悲しかったことを覚えています。

その後、ただの一度も、父が拳銃で侵入者を撃ち殺すこと、傷つけることなく、無事にその生涯を終えてくれたことを神様に感謝しています。

そう言えば、あの拳銃はいったいどうなったのでしょうか？

桜

私が通っていた小学校には地理の授業と言うものがありました。先生は、世界中の国々について教えて下さいましたが、数ある国々の中でも、特に日本については詳しく、そして情熱を込めて話して下さったと記憶しています。おそらく日本に旅した経験は無く、本当の日本を知らない先生だったと思いますが、多くの書物を通して学んだ日本の歴史や風土などに、とても興味を抱かれている様子でした。先生のお話に心惹かれて、「いつか行ってみたいな。」と思っていたことは以前お話ししたと思います。

先生は「日本は桜の国と呼ばれています。それは昔から特別に桜を愛した日本人が、国中に桜の木を植えたからです。春になると沢山の桜の花が咲き乱れるのです…」と教えて下さいました。

「先生、それなら日本にはいっぱいサクランボが実るのですね。」と誰かが質問しますと、「花が咲く木とサクランボの実る木は種類が違います。」と。

「サクランボよりも花を愛する日本人は、桜の季節に花祭り（お花見）を行なって、皆で楽しく祝うのです。」とも話して下さいました。しかし、食いしん坊の私は「日本は桜の国、サクランボでいっぱいの国なんだ…」と、それでも何故か思い続けていたものでした。

「日本ってどんな国なのかな？」まさか大人になって、その日本に実際に行き、生涯を捧げられるとは夢にも思っていなかった私ですから、何も知らない桜の国について、あれこれと勝手な空想をしていたものです。

〝ヤポーニャ（日本）はヤブコ（りんご）に似ていて（言葉の響きが）サクランボがいっぱい…〟

私がコルベ神父様に招かれて日本に参りましたのは、一九三二年の秋でした。そして、子供の頃に思い描いていた〝美しい日本の桜〟を、初めてこの目で確めたのは、翌年の一九三三年春でした。

以来、何十回もの桜の季節が訪れ、通り過ぎて行きました。

私はもうすぐ九十七歳になりますので、あれから七十三年もの長い月日を、この〝桜の国〟で過ごして来たことになります。今までずいぶんと色々な経験をしてきましたが、一九三二年の初めての〝桜〟は一つの忘れられない出来事と重なり合って、私の心に、特に深く刻まれることとなりました。

それは完成したばかりの修道院の屋上に〝一人でも多くの人々に聖母マリアを知ってもらいたい〟人々を照らす灯になれば、との願いを込めて、夜は文字通り明かりを付け、遠くからでも目立つように、マリア様の御像を安置したすぐ後の出来事でした。


初めて見た日本の桜の印象は…

コルベ神父様、仲間の修道士達と一緒に修道院から眺めた満開の桜のそれは美しかったこと！

「なんて楽しそうなのでしょう！　自然を愛する優しい人達の国、日本に来られて私達は幸せです。本当に良かったですね。マリア様に感謝致しましょう！」

と目を細めながら語られたコルベ神父様。

お花見の季節は、毎晩かなり遅くまで、賑やかな歌声や楽しそうな人々の声が、高台にある私達の修道院まで届いて来たものでした。

そんなお花見の余韻がまだ覚めやらぬ早朝、修道院の玄関のベルが鳴り響いたのでした。こんな朝早くにいったい誰でしょうか？　不審に思ったコルベ神父様が、受付に出て行かれて扉を開けますと…

そこには疲れきった顔をした一人の若い女性が立っていたのでした。

「どうなさいましたか？」と神父様が優しくお声を掛けますと、その女性は震えながら小さな声で、「助けて下さい！」そして泣きながら、次のように話し始めたのだそうです。

「昨晩、私は死に場所を求めて歩き続けていました。もう死ぬしか道は無いと思ったからです。世の中はお花見だと云うのに、私には見納め、最後の桜です。私もあの花びらみたいに、もうすぐ散って行くのかと思うと、むなしくて涙があふれ出てきました。身を投げようと決意して、貯水池へと向かいました。池に辿り着き、飛び込もうとしたその瞬間、何故だかふと、山の方に目を向けたのです。すると、皆様方の建物の屋上で、温かな光りを放ちながら立っていらっしゃる、美しい御像が見えるではありませんか。その時どこからか〝死んではいけない！〟と云う声が響いて来たように感じられたのですが、どうして良いのかは解かりません。気がつけば引き寄せられるようにこちらを目指して歩いていました。」

コルベ神父様はその女性を気遣われ、温かい食事をお勧めになりました。安心したのでしょうか、その人は少しずつ心を開いて、神父様に話し始めたのだそうです。

それは小さい頃に親に捨てられ、人には言えない惨めな生き方を選ばねばならなかった、不幸な女性の身の上話でした。

コルベ神父様はただ黙って、その人の話に耳を傾けていました。その人は、出会ったばかりのコルベ神父様に、生まれて初めて知ったカトリックの司祭に、すべてを打ち明けたのでした。それはまるでイエス様に告白する様に…

長い間、誰にも心を許せずに、一人ぼっちで歩いてきた人。深い悲しみを抱き、重い十字架を担いながらも、人生の本当の意味を知らずに生きてきた人。

死のうとして彷徨《さまよ》っていたこの人が、マリア様の光りに導かれて修道院まで歩いて来たのです。

その時、神父様が何を話されたのかは、私達にも知らされていません。ただ解かっているのは、コルベ神父様が祈りを込めて、その人の首にマリア様の不思議のメダイを、かけてあげたと云うことでした。

神父様のお計らいによって、援助して下さる人に出会えたその人は、要理を学び、心の準備をしっかり整えた後、洗礼のお恵みにも与ったと云うことでした。

これはマリア様御自身が、一人の不幸な女性を導かれ、お救いになった本当のお話です。

着任したばかりの日本で起こった、この素晴らしい出来事は、コルベ神父様の大きな大きな心の支えとなりました。それはまた、私達修道者にとりましても、日々の奉献、マリア様へお捧げしている〝犠牲や忍耐〟が実を結んだと実感出来た貴重な体験でもありました。

或る日、三人のシスター方が私を訪ねて下さり、ぜひコルベ神父様との思い出を聞かせて欲しいと願われました。色々なお話を致しましたが、一人のシスターが「ブラザーはどうして、ポーランドに帰らずに日本に残ったのですか?」と問われました。そこで私は、「勿論、コルベ神父様との約束もありましたが、それだけではなく、日本の地に第一歩を踏み降ろしたその時から、また、日本中を回って大勢の人々との触れ合いを経験する内に、この国がますます好きになっていったからです。

この国を選んだのは自分の意思ではなく、長上の命令に従ってのことでしたが、ポーランドでの時間よりも、はるかに日本での生活が長くなった今、ここが私の場所、もう一つの故郷となりました。

でも本当はコルベ神父様と出会うずっと前から、まだ小さな子供の時から、この〝桜の国〟に来ることが決まっていたのではないかと思っているのですよ。それが神様のお考えだったのだと、今でははっきりと解かるのです。」と答えました。

三人のシスター方は小さな声で、「ブラザーはやっぱり日本が好きだったのね。」

と囁き合っていました。

横顔

コルべ神父様と共に、修道生活を送ることが出来た幸運な人間なら誰でも、聖堂で只お一人、一心に祈っていらっしゃる神父様のお姿を拝見したでしょう。それは私達にとっては当り前の光景、日常の生活のひとこまでありましたから。

一九三二年の十二月初旬、長崎本河内《ほんごうち》のこの地に待望の新しい修道院が出来上がった時、それまでの屋根裏暮らしから一変して、私は光栄にもコルべ神父様のお隣の部屋（個室）を使わせて頂けることとなりました。その頃私は修道士の長として、修道院の様々な仕事の責任者になっていたからです。仕事の報告や打ち合わせの為に、日に何度も神父様のお部屋に伺う機会が与えられました。

神父様の部屋と私の部屋を仕切っている壁には、時間を無駄なく有効に使えるようにと、神父様の発案で小窓（木の扉）が付けられていました。御用が有る場合には小窓を開ければ、直ぐに私をお呼びになれたのでした。（小窓の話は、皆様もうすでにご存知だと思いますが…）

しかしその小窓は、時々仕事以外にもそっと開かれて、（神父様の方からしか開けられない）神父様との何気ない楽しいひと時が、私に与えられたのでした。小窓越しの思いがけないおしゃべり、神父様の楽しそうな笑い声、優しい笑顔……

今思えば、慣れない日本の地で多くの難題を抱えて、ただお一人で奔走し、仕事に追われていたコルベ神父様。気晴らしにふと、セルギウス兄弟のおもしろい顔が見たくなったのかも知れません！

いずれにせよ今になるとそれは、本当に平和で穏やかなひと時、何とかけがえの無い貴重な時間であったのだろうかと、胸が熱くなります。

時々、お身体の具合が悪い時にも、神父様は小窓を叩いて私をお呼びになりました。しかし、よっぽどのことが無い限り、御自分の急用の為には小窓をお使いになりませんでした。神父様にとりましては、痛みや苦しみもマリア様への大切な捧げ物だったからです。

余り御丈夫ではなかったはずなのに、お身体には全くと言っていいほど無頓着で、毎日本当に沢山の仕事をこなされていました。

どんなにお忙しくても、どんな場所におられる時でも、神父様はいつでも祈っていらっしゃるのだと、私達には感じられました。それはマリア様に、すべての出来事を報告しているのだろうと思われるほどでした。

神父様はこのように深い祈りを通して、数々の難局を乗り切っていかれたのです。

私が仕事の用件で、神父様の部屋の扉を叩きますと、中から、「子供よ、ロザリオの祈りがもう直ぐ終りますから、少しだけ待っていて下さい…」と。

神父様は狭い部屋の中を歩きながら、よくロザリオの祈りをなさっていましたので、このようなことは、しばしばありました。

しかし、どんなにお忙しい時であろうとも、悩み事を抱えた兄弟達が、思いあまって扉を叩く時には、神父様は直ぐに仕事の手を止め、大切な祈りを中断して、何事もなかったように両手を広げて、温かく迎え入れて下さいました。「子供よ、どうしましたか？　何か心配事でもあるのですか？」と、本当のお父さんやお母さんのように優しく微笑みながら…

日頃は、マリア様の時間を、一分でも無駄には出来ないと、何かと合理的な考えをお持ちの神父様でしたが、このような時、たった一人の兄弟の為に、時間はゆったりと贅沢に与えられたのでした。

神父様のお部屋は私達兄弟にとって、困った時の駆け込み場所でもあったのです。

以上のような理由で、また、日頃からあまりお身体の調子が良くなかった神父様を、私なりに気遣って、出来る限り神父様のお邪魔をしないようにと、気を配らせて頂きました。それがお側にいる、私の務めだと強く感じていたからでした。

神父様の部屋の前に立つ時は、いつも少なからず緊張したものです。神父様を、常に身近に感じさせて頂ける境遇にあった私ですが、甘えや慣れ慣れしさは微塵も起きませんでした。

言い訳になってしまうかも知れませんが、今思えば神父様に対する過剰な思いが、私の心に妙な誘惑を招いてしまった、そんな気さえするのです。

或る日、私がいつものように神父様の部屋の前に立ち、〝今はお忙しくはないだろうか？〟と、心の中で確認していたまさにその時…ああ！　何と云うことでしょうか。

〝扉の鍵穴から中の様子を覗いて見ればいい！〟と云う怪しい声がどこからか聞こえて来たのです。（悲しいけれどもそれは私の心の中から…）

そして再び〝少しだけなら大丈夫！〟と。

勿論悪いことだとは解かっていましたが、もうこうなると、自分を押さえることなど出来ません。〝お一人で部屋の中にいらっしゃる時、神父様はいったい何をなさっているのだろうか？〟

その小さな鍵穴から私が覗き見たものは…

それは机の前に腰掛けて熱心に書き物をしていらっしゃる神父様の横顔でした。しばらくするとペンを止めて机の上の棚、ちょうど目の高さに飾られているマリア様の御像を見上げて、何か仰っているようでした。おそらくそれはマリア！…と。

それは浅はかな私の想像などをはるかに越えた、聖人の横顔そのものでした。しばらくの間、私の目は鍵穴に釘付けになっていたのでした。

お恥ずかしい話ですが、何か違う光景もあるのではと、好奇心を押さえ切れなかった私は、こりもせずにそれからも数度、鍵穴からお部屋の様子を覗き見してしまいました。

何度覗いてみようが、私の目に映った神父様のお姿は、溜息が出るくらい完璧で、そして自然体でした。もしかしたら、人に見られてやましい態度と云うものを、コルベ神父様はご存知なかったのかも知れません。

コルベ神父様は只の一度もお一人きりになると云うことがなかったのではないでしょうか。

何度覗いてみたって同じことです。悪魔はあっけなく敗北したのでした。

私達修道者は清貧、従順、貞潔を堅く守りながら、祈りと労働の日々を送っています。マリア様を通して、生活のすべてを神様に捧げているのです。

私達はこのような生活を（本当に）辛いとは思いません。もし、修道生活において辛さを感じる時があるとするならば、それは、すべての厳しい日課から開放された個人的な時間、様々な誘惑を退けながら、良心と向き合わなければならない一人の時間でしょう。

コルベ神父様のように立派な司祭であっても、誘惑に負けそうになったことは勿論あったはずです。しかしそう云う時にこそ、マリア様に強く依りすがったのではないでしょうか。マリア様としっかり結ばれていた神父様ですから、無礼な不届き者がこっそり部屋を覗き見しようと、悪魔が誘惑しようと、付け入る隙など与えません。

悪事を重ねた私は、そのことを強く思い知らされたのでした。

悲しい知らせ、アウシュビッツ収容所でのコルベ神父様の最後のご様子が、日本の私達のもとに届いたのは、神父様が亡くなってから、何ヶ月も後になってからでした。

　連行される少し前、御自分の最後の時が、近づいていることを悟られた神父様は、周りに残った数人の兄弟達に向けて「兄弟よ、私の命はあとわずかしか残されていません。聖母マリアを信頼して下さい。マリア様にすべてを捧げ尽して下さい…」と、涙を流しながら、お言葉を残されたのだそうです。

　大きな試練が、目前に迫って来ているにもかかわらず、むしろ喜びに満ちあふれているように見える神父様。不思議に思った一人の兄弟が「何か理由があるのなら聞かせて下さい。」と願った時、神父様は「決して口外しないで下さい…」と念を押されてから「日本にいた時、マリア様が私に永遠の幸せをお約束して下さったからです。」と、聖母の御出現を、ためらいがちに静かに教えて下さったのだそうです。

　すでに幼い時から、選ばれた子供としてマリア様と出逢い、それ以来、いつかなる時でもマリア様と親密であったコルベ神父様。どこにいらっしゃっても、何をなさっていても、完全にマリア様の道具となり、すべてを捧げて信頼しきっていた神父様。神父様のいらっしゃった場所ならどこであっても、聖母の御出現は不思議ではありません。

あれから何十年もの月日が過ぎ去ったと云うのに、今でも時折、あの鍵穴から覗き見た光景を思い出すことがあります。

マリア様の御像を見つめていた神父様の美しい横顔、祈りに専心されていた神父様のお姿…

私にとってあれは、後ろめたさと感動が入り混じった何とも言えない体験でした。忘れようと思っても決して忘れることなど出来ないのです。

不安

2001年7月14日、私は94回目の誕生日を迎えることが出来ました。その日は、朝から周りの兄弟達に「おめでとう!」と、お祝いの言葉を掛けて貰いました。また私のもとには〝セルギウスさん、お誕生日おめでとう!〟と書かれた沢山の美しいカードが届けられました。

本当に有難いことです。幾つになっても誕生日は嬉しいものです。と言いたいところでしたが、その時の私は、心から喜ぶことが出来ずに、はっきり言ってしまえばとても憂鬱な心境だったのです。

それは歳を取る度に思い出す、ジプシーの不吉な予言の為でした。

子供の頃、私達の村には度々ジプシーの集団がやって来ました。ジプシーが村に災難を持ってくると信じていた村人は、彼らをひどく恐れていました。本当に悪い人達だったのかどうかは、今となっては解かりませんが、村人達は出来るだけ早くジプシーを村から追い出したい、只その一心で、しぶしぶではありましたが、食料などの施しを行なっていたのでした。

或る日、そんなジプシーが私の家にもやって来たのです。

直ぐにでも出て行って欲しいのに、施し用の食料の準備がまだ出来ていません。「どうしましょう！」と、あせった母親が私に、屋根裏に置いてある小麦粉を取って来るようにと命じました。まだ子供だった私は母の心も察せずに、かなり沢山の量の小麦粉を、気前よく得意げにジプシーに手渡してあげたのでした。

きっと嬉しかったのでしょう。気を良くした女ジプシーは、こちらが望んでもいないのに、私の将来を勝手に占って、こう言ったのでした。

「坊やは将来自分の国のパンを食べられなくなるけれども、82歳まで長生きできますよ。」と。そして、近い将来に起こると云う我が家の災難まで予言したのでした。(何とこれは的中してしまいました。)

こんな突拍子もないことを突然言われたのですから、誰だってやっぱり気になるでしょう！　それでなくても臆病者の私なのですから…。

自分の寿命なんて知りたいはずがありません。占いを全面的に信じていた訳ではありませんが、幼い私にとりまして、これは大問題でした。

しかし、82才はまだまだずっと先の話。それもかなりの長生きなのですから、気にする必要なんて全くない…。


気が付けば、自分の国のパンを食べずに、日本のパンを食べる生活に入っていましたが、若くて元気だった頃は、こんないい加減な占いのことなど、すっかり忘れていました。（実は忘れようとしていたのですが…）

しかし嫌なことはいつまで経っても、心のどこかにしぶとく残っているものなのです。

命の期限であった〝82歳〟はどうにか無事に乗り切れたものの、いよいよ2001年、94歳…。
※82歳を迎えてかなり落ち込んでいた私は、ある神父様に〝大丈夫、あなたは94歳まで生きられるはずですよ。占われた時が12歳だったのだから、それから82年（12＋82＝94歳）と解釈すればいいのです。〟と太鼓判を押して頂いて一安心したのでした。

12年は瞬く間に過ぎて行きました。長生きというのは辛くもあり、うれしいものです。

このような理由で、94歳を迎えたあの日、私はひどく動揺したのでした。〝とうとう来てしまった。もうすぐ私は死ぬのだろう。そうに違いない!〟と。すっかり気弱になってしまった私に、不安は常に付きまといました。長い間修道生活を送って来た者が、偉大なコルベ神父様の思い出を、人々に語ってきたこの私が、今更ジプシーの占いなんかに振り回されていいはずはない。臆病者の私はドキドキしながらも、この問題と一人密かに闘っていたのでした。半年が無事に過ぎて、新年を迎えようとする頃、私より歳の若いフランシスコ兄弟が突然倒れて、入院してしまいました。

嫌なことは続くものです。私も風邪をこじらせてしまったようでした。いよいよ最後の時が来たのかもしれません。何しろ今まで病気らしい病気など、したことは無かったのですから…

熱が下がらず呼吸が苦しくなり、私は病院に運ばれました。肺炎と診察されて、医師に緊急入院を言い渡された私は、とても動揺しました。心の準備はまだ何も、出来ていなかったのですから。

様態が安定してからも、牛乳以外の物は殆ど喉を通らずに、憂鬱な日々が続きました。何も考えられずに、ぼーっとして、このまま頭が変になって行くのだろうと、感じられました。

〝食べたところで、どうせもう直ぐ死ぬのではないか…〟

大好きな桜の花の季節、3月の終わりになって、私はフランシスコ兄弟と一緒に、有難くも無事、退院するお恵みを頂きました。不安がすっかり拭いきれた訳ではありませんが、もう二度と帰れないと思っていた修道院に戻れたのですから、とても嬉しかったのは事実です。張り詰めていた心の緊張が、少しゆるんだ気がしました。

そして、現在は御蔭さまで96歳。82年にもわたる、占いの呪縛からようやく解放され、やっと、あとは神様の御旨におまかせするだけ、と云う気持ちになれたのでした。ずいぶんと長い道のりでしたが…

しかし幾つになっても正直に言って、死ぬのはやはり恐いです。

「そんなに長く生きられたのだから、もういいじゃないか！　修道士のくせに、いったい何を恐れているのか？」と、多くの方々はお思いになるかも知れません。お叱りになる方もいらっしゃるでしょう。

本当にお恥ずかしい話ではありますが、なかなか心を落ち着かせることが出来ずに、うろたえているのです。

〝死ぬことは少しも恐ろしいことではありません。皆さんは、いつ訪れるかわからない死の準備をしていて下さい。〟

〝私達の悩みや苦しみは、私達の死の時までです。私達の死は、意外と早く来るかも知れません。死が早く来れば、私達の苦しみや悩みは長くは続かないと云うことです。ですから、忍耐と希望を持って、苦しみや悩みと闘って行きましょう。わずかの時間のうちに、苦しみは去って行くものなのです。〟

コルベ神父様は若い修道者を前にして、常に〝死〟の準備をして置くようにと、お話になりました。神父様にとりましては、死は別に恐れるべきもの、忌むべきものではなかったからでしょう。

神父様のすべての言動は、真実でありました。何気ないお言葉、日常の生活の隅々にいたるまで…

神父様は御自分のお言葉通りに生きて、そして亡くなられたのでした。

幸運にもコルベ神父様と出会い、神父様の生き証人となれた私なのですから、マリア様をただひたすら信頼して、何も恐れずに死に打ち克って、そして行かなければなりません!

風

午前四時半、まだ暗いうちに起床して、私の一日は始まります。それから約一時間、じっくりと時間をかけながら、体をほぐして行きます。若い頃のようにパッと起きて、素早く身支度などはとうてい無理なので、起き上がるのもひと仕事です。

暑い時は、タオルで身体を拭き、そして口をすすぎます。そうこうする内にあっと言う間に時間が過ぎて行くのです。

足を痛めてからと云うもの、三階の部屋から階下に降りていくのが困難になり、聖堂での御ミサには与れなくなって、神父様に御聖体を運んで頂く日々が続いていました。しかし二〇〇二年三月、無事に退院出来た私を、待望のエレベーターが迎えてくれたのでした。

また以前のように朝の御ミサに与ることが出来るようになったのですから、本当に嬉しかった！

狭い部屋の中は杖を使って何とか歩き、エレベーターまでは部屋の前に止めてあるマイカー（歩行器）を使って、ゆっくりと亀の速度で移動します。便利な機械に助けられながら、それでも聖堂に辿り着くまでは一苦労の毎日です。

このように、退院してからはまた、もとの修道生活に戻ることが出来ました。と言っても、老衰の為、もう自分一人では、身の回りのことがうまく出来なくなってしまいました。歯がゆいけれども、兄弟達のお世話に頼るしか方法はありません。

頑固で自尊心の強い私は、恥ずかしいと云う気持ちから素直になれずに、世話をしてくれる若い兄弟と度々衝突してしまいます。気を悪くした兄弟が、黙って部屋を出て行ってしまった後の気まずさ、寂しさ…。

悲しくて涙を流してしまうことも、しばしばです。

我儘な私の為に、本当に良くやってくれているとは解かっているのですが、何も出来ない赤ん坊みたいに扱われるのは、つらく情けないものです。どんなに歳老いても、私はまだ、一人の人間なのですから…

心の余裕がすっかり無くなって、悪いと解かっていてもつい、イライラと癇癪を起こしてしまいます。

冷静になって自分が若者だった頃のことを思い起こせば、〝おじいちゃんの気持ちなんて、やっぱり理解出来なかっただろう！〟と。

それどころか、自分が歳を取るなんて信じられなかったし、考えたくもなかったのですから。

今の自分の境遇を素直に受け入れ、もっと若い兄弟達に心を開くことが出来たなら、きっと違った生活が送れるでしょう。いつまでたっても変わることの出来ない自分に対して、とても残念でなりません。

二〇〇三年に入ってから、そんな私の生活には大きな変化が起こりました。修道院の外からヘルパーさんが来て下さることになったのです。修道院の慢性的な人手不足から、手一杯になっていた兄弟達の仕事を軽減する為にです。

自由に歩けなくなった数年前から、ローマの許しをきちんと頂いて、私の部屋にだけは女性が入っていいことになっていました。

コルベ神父様の時代からは考えられない大きな変化です。もしコルベ神父様が修道院内の女性を目撃したなら、驚いて卒倒したかも知れません。しかしこれも時代の流れなので仕方がありません。

午前七時から八時の約一時間程、若いヘルパーのお嬢さん達が、毎日交代で私の部屋に来て、食事の用意、掃除や身の回りの手伝いをして下さいます。お天気のいい日は、窓を開け放して、新鮮な空気を入れてくれるのです。週に二回のお風呂。病院からは薬を届けに看護士さんも来て下さいます。目の悪い私が薬を間違って飲まない様にと、ポーランド語で書いてくれた、お手製のポケット付きカレンダーに、一日分の薬を入れて置いてくれるのです。何とも至れり尽せりの毎日です。

この頃「セルギウスさんは若いヘルパーさん達が来るようになってから、前より元気になったみたい。」と、度々言われるのですが、実は自分でもそう感じているのです。以前よりもずっと元気になったような気がするのです。

外に出ることがままならず、一人、部屋で過ごさなければならない私には、たまに訪ねて下さるお客様以外、話し相手がいませんでした。修道士なのだから、お祈りする時間に恵まれていると、感謝しなければいけない所ですが（勿論毎日、たくさんお祈りしています！　ロザリオにコンタツ…）しかし、わずかな時間でも、人を相手に話しが出来るのは、やっぱり楽しいことです。

何気ない挨拶、お天気の話、内容なんて何だってかまいません。

兄弟達には大変申し訳ないのですが、修道院の外から来て下さるヘルパーさん達には、私だって我儘は言いません。緊張も有りますし、老修道士として、少しはカッコをつけなければなりませんから…

兄弟達にはどうしても甘えが出てしまうのですね。

遠い昔、まだ十五、六才の若者だった頃、とても恥ずかしがり屋だった私は、女の子と〝手〟を繋ぐのが嫌で、皆のようにダンスを踊ることが出来ませんでした。若いお嬢さんは、はっきり言って苦手だったのです。

そんな私がおじいちゃんになった今、大勢のお嬢さん達の〝手〟に助けられているのですから、人生とは本当に不思議なものです。

私の部屋からなら、急な石段と坂道を歩いて五、六分ほどでルルドに到着します。

コルベ神父様と一緒に祈った懐かしいルルド、私の仕事場でもあったルルド。残念ながらもう、一人で歩いて行くことは出来ません。毎日祈ったルルドのマリア様に、今はもうお目にかかることさえ、許されなくなってしまいました。

部屋にこもりきりで外に出て行けなくなった私に、マリア様が新しい風を送って下さったように感じられてなりません。

明日もまた、私の部屋にはマリア様からの爽やかな風が吹いて来るでしょう。

窓を開けて、お掃除をして、シーツを整えて、そして何よりも外の空気と元気をいっぱい届けてくれるのです。

ニエポカラノフ

コルベ神父様一行が、グロドノの修道院を引き上げて、ワルシャワ郊外のパプロトニア（私達一家が住んでいた村）と云う村にある、ルベッキ公爵から寄贈された広大な土地に、新しいニエポカラノフ修道院（無原罪の聖母の園）を建設する為に移り住んで来たのは、一九二七年十一月、私がまだ二十歳の時のことでした。

当時、村人の話題はこの修道士達のことで持ちきりでした。彼らは驚くほどに貧しい生活を送っているらしい…と。

到着して間もなく、食料や物資を調達するのに必要なので、ぜひ馬車を貸して欲しいと、二人の修道士が我が家にやって来ました。そのうちの一人、とぼけた感じの修道士は、出会ったばかりの、まだ何も解からない私の肩をポンと叩きながら、いきなりこう言ったのでした。「新しい修道院を建てているのですが、よかったら君も修道院に入りませんか？」

この修道士がいったいどう云うつもりで、こんなことを言ったのかは、その後一度も本人に確かめたことがなかったので解かりませんが、この人こそ、修道院に入ってからは犬猿の仲、直ぐに衝突をするようになった、あのゼノ・ゼブロフスキー修道士だったのでした。

ゼノさんのことですから、あまり深く考えたりはせず、行き当りばったりに出会った若者に、気分のおもむくまま、自分勝手に声を掛けていたのかも知れません。（私はそうにらんでいます。）しかし、我が家が大工であることを知り、修道院の建設を手伝って欲しいと言ってきたのも、やっぱりゼノさんでした。（おそらくゼノさんが私のこと、家族のことをコルベ神父様に報告したのでしょう。）

十二月に入って、初めてコルベ神父様にお会いすることが出来た時、「あなたは毎日、朝のミサに来ている方ですね。とても感心なことです。よかったら将来一緒に暮らしましょうか？」と不思議なことをおっしゃいました。

神父様からの依頼を受けて、父と一緒に作った、教会の香部屋に入れる箪笥を運んだ時も「箪笥の次はあなたの番ですね。」とコルベ神父様は冗談のように私に修道院入りをお勧めになりました。

夜遅くまで兄と二人で修道院に残って仕事を手伝っていたその時も「あなた方お二人も修道院に入りませんか?」とコルベ神父様はやっぱりおっしゃったのでした。

そして兄と私の兄弟喧嘩の話を聞いた後も尚、「修道院の中でも勿論、兄弟喧嘩をしてもいいのですよ…」と。

「そんないたずら坊主が修道院に入ってくれたら、きっと楽しくなるでしょうね。」と微笑んでいたコルベ神父様のこと、今も懐かしく、そしてはっきりと思い出します。

私の召命を決定付けたのは、コルベ神父様が下さった、『あなたに召し出しはありますか?』と書かれてある、聖アルフォンソ・リグオリの一冊の本でしたが、今思えば神父様は私に少しずつ、何気ない会話を通して根気強く、修道院に入るようにと、お誘い下さっていたのだと思われてなりません。

しかしあの人、ゼノ修道士はどうでしょう? コルベ神父様より一足先に、出会ったばかりの私にいきなり「君も修道院に入りませんか?」と気軽に声を掛けてきたのですから、何とも妙な話です。

私とゼノさんの、目に見えないつながりは意外と強いものなのかもしれません。長い修道生活において、何かと揉め事が絶えなかった私とゼノさん。お互いに気性が激しく、頑固者の似た者同志の二人でした。

コルベ神父様が布教の為に日本に行くのだと云うことを知らされた時は大変驚き、またかなり落ち込みました。しかしゼノさんと離れられるのなら(ゼノさんも日本行きが決まった。)仕方がないか、と思っていたのも束の間…。一年後にはこの私も日本へ旅立つことになってしまいました。何百人もいた修道士の中から、どう云う訳だかわざわざ選ばれて…。

私は結局、ゼノさんの側を離れることが出来なかったのです。あんなに衝突してばかりの二人でしたのにいつも一緒でした。(喧嘩するほど仲が良かったのでしょうか?)

今、天にあるまことのニエポカラノフで、私の到着を誰よりも心待ちにしてくれているのは、ゼノさんではないだろうかと想像して、一人で苦笑いすることがあります。

ゼノさんのことですから、すべての天使と聖人の方々の中にあって、喧嘩も出来ずに少しばかり退屈しているのではないでしょうか。ニコニコ笑って私を出迎えてくれるのが、あのゼノさんなら、私は出来る限り頑張って長生きしなければなりません！　何と言っても永遠は果てしなく長く、喧嘩の時間はたっぷりあるのですから。


修道士になることを決意し、愛する家族の反対を押し切って、ニエポカラノフ修道院へと旅立った私。

家から修道院までは距離的には離れていませんでしたが、それは見知らぬ遠い世界に向かう、長い旅路の始まりでした。

臆病者で泣き虫の私は、修道院の玄関に辿り着いた時、不安と希望の入り混じった、とても言葉では言い表せない思いにかられて、興奮して泣き出してしまいました。そんな私をコルベ神父様は両手で優しく抱きしめ、ハンカチで涙を拭いて下さりながら、こうおっしゃいました。「大丈夫です！　大丈夫です！　ここには大勢の仲間がいるのですから、楽しいですよ。ちっとも寂しくなんかありませんよ。」と。

そして、「マリア様がまた一人、誓願者を連れて来て下さいました。」と、兄弟達に紹介して下さったのでした。

それから三年後、祖国ポーランドを離れて、日本へと旅立った私。いろいろな珍事件に巻き込まれながらも、何とか無事に日本へと辿り着くことが出来たグレゴリオ兄弟と私を、玄関で温かく迎えて下さったのもやっぱりコルべ神父様。そしてゼノさん達。

この人生の旅路をボロボロになりながらも、最後まで歩き通して、今度私が向かうのは、マリア様とコルべ神父様が待っておられる真のニエポカラノフ。天の国のニエポカラノフです。

振り返りますと、少々融通がきかなくて頑固者の一生ではありましたが、コルべ神父様との約束を生涯守って、私は最後まで日本で生きることを止めませんでした。

ポーランドにお帰りになる前に、涙ぐんでいた私を励ますように「私の愛する日本に、あなたが代わりに残って下さい！」と私を力づけ、日本へと引き止めて下さったコルベ神父様。

神父様と交わした約束だけは、どんなことがあっても破りたくはなかったのです。

長いようであり、夢を見ていたほんの一瞬の出来事のような人生の旅を終えて、天のニエポカラノフの入り口に到着した時、私はまた、興奮して泣き出すかも知れません。そこが私の目指していた本当のニエポカラノフであると解かっていても、きっと私は戸惑って泣いてしまうでしょう。多くの方々と出会い、親切にして頂いて、私の人生は本当に素晴らしいものでしたから…。

こんなに長生き出来たのだから、もう人生には未練がありません！　なんて、やっぱり私には言えません。お別れは切なく、とても寂しいものなのですから…。

愛する家族と別れて修道院に入り、その修道院の仲間とも別れて日本へと渡って来た私。

今度はいよいよ、日本の、そして出会ったすべての人々とお別れしなければならない時がくるのです。

私があちらに辿り着いた時「セルギウス、子供よ、長い間よく頑張りましたね。お疲れ様でした。」とコルベ神父様は出迎えて下さるでしょうか。

私の涙を拭って「もう大丈夫です。こちらでは大勢の仲間があなたを待っていたのですよ。」と抱きしめて下さるでしょうか。

誰よりも早く、全速力で私に駆け寄ってくるのはおそらくあのゼノさんに違いありません。おどけた顔をして「ずいぶん遅かったな兄弟!」と懐かしそうに私の肩を叩いてくれるのではないでしょうか?

そこには私の到着を待っていてくれる、懐かしい家族、苦楽を共にした大勢の兄弟達が居てくれることを信じて止みません。

そこは永遠の喜びと、マリア様の輝きが満ちあふれている真のニエポカラノフに違いありません。

たった一つの心配事と云えば、天のニエポカラノフでもやっぱり私は自分のベッドを作らなければならないのかと云うことです。コルベ神父様、天国でも私は大工仕事をするのでしょうか？

これで私のお話はすべて終わりです。あとは神様の御旨を全うして、私が無事に天のニエポカラノフに辿り着けるようにと皆様にお祈りして頂くばかりです。慌て者の私が、途中で切符を落とさないように、違う列車に乗り込まないように…

どうぞ皆様宜しくお願いいたします！

そう遠くない将来、永遠のニエポカラノフに旅立つその日が来るまで、私は毎日ここで頑張って生きて行きます。

この世の平和と大好きな皆様のことを祈りながら…

終わりに

とうとう、これで私の思い出話も終わりです。あとは高次の世界を目指して、全力を注いで行かなければなりません。迷わずにすべてのことを投げ捨て、ただ、真実のことだけを見極める力と勇気が、いよいよこれからは必要なのです。

ずいぶんと長い人生だったと思いますが、振り返れば、あっと言う間に過ぎ去ってしまった、楽しい休暇みたいなものだったと、感じられてなりません。

勿論、苦労もいっぱいありましたが、とても素晴らしい人生であったと云うことは、言うまでもありません。もし、もう一度生まれ変わることが出来たとしても、私は同じ人生を選びたいと思っています。つまり、父と母の子供として生まれ、修道士として生き抜くこの私の人生を。（少し欲を言うなら、上の学校には行きたいけれども…）

小学校しか出ていない無学の私は、この長く与えられた人生において、人の為になるようなことを、何一つ行えませんでした。清貧を愛するフランシスコ会士として、ボロボロになってしまった肉体に、継を当てて（湿布やバンソウコウを貼って）ただ生き続けて来ただけなのです。

寿命は神様がお決めになる問題ですから、勿論私の意思ではどうすることも出来ません。この世の中には、病気で、事故で、戦争で、生きたくても生きられない方々が大勢いらっしゃることも、私はよく知っているつもりです。

まだ少年の面差しをしていた、あの兵隊さんは、国を守る為、死にたくはなかったのに、あっけなく戦死してしまいました。

我が師コルベ神父様は、本当にイエス様のように生き、収容所で身代わりの死を遂げられました。

ブラザー・ゼノは戦後、日本中を駆けめぐり、親を亡くした子供達を優しく抱きしめ、救いの手を差しのべました。

そして、頑固で不器用な私は、ただひたすら大工仕事に励み、生き続けて来たという訳です。

やっぱり何も誇れない私は、旅立ちの準備を整えながらも、最後の最後まで、力の限り生き続けようと思っています。老いと闘いながら、少しずつ失いながら、無力感に苛《さいな》まれながら、それでも長く生き続けること。それが私に与えられた使命なのだと、今では感じられるからです。

最後までお目を通して下さって、本当に有難うございました。皆様の健康と幸せを願って、今日も神様にお祈りを捧げましょう！

Br. Sergiusz pensiek

付録〈セルギウス修道士への手紙〉

セルギウス修道士様

長崎から帰って一週間が過ぎてしまいました。

二十九日には、いわおかさんの知り合いというだけで、突然お邪魔した失礼をお許しください。肺炎で二ヶ月も入院していらしたことを知り、びっくりいたしました。元気になられた修道士様とお会いできたことを幸運に感じました。九十五歳とは思えない生き生きとした表情やお話に引きこまれてしまいました。修道士様と過ごさせていただいた、ほんの短い時間の中にすべてを包みこむような大きな愛を感じました。セルギウス修道士様の心の中には神様が、そしてコルベ神父様がいつも一緒にいらっしゃるのですね。

聖母の騎士の訪問はカトリック信者でありながら、不熱心な私に大きな恵みを与えてくださいました。今まで以上に私のかわいい生徒たちを、大切な家族を、そして周りの人たちを心から愛することができるようにお祈りください。私も修道士様の足がこれ以上悪くならないようにと祈ります。二冊目の本を楽しみにしています。

ルルドのお水とメダイを教会の友達にも分けてあげました。今度は、三笠教会の友達と一緒に聖母の騎士を訪ねたいと思います。また、セルギウス修道士様にお目にかかることができることを願っています。
お身体に気をつけてお過ごしください。

二〇〇二年五月三日　大家陽子

＊＊＊＊＊＊＊＊

主の平安
マリア、ブラザー・セルギウスさん、八月二日には突然行きまして、会ってくださってありがとうございました。とても嬉しかったです。セルギウスさんの手に触れて、私は間接的にコルベ神父様と握手したことになると、大変感激でした。どうもありがとうございました。
この次にお会いできるまで、元気にしていてくださいね。家に帰ってすぐ後にビデオを送ってくださってありがとうございました。もう五回位繰り返してビデオを見させていただきました。懐かしくて、またセルギウスさんに会いに行きましょうと家族のものと話しています。私たちが長くお話をしていましたので、後でセルギウスさんは疲れたり、熱が出たりしなかったかと心配しました。本当に本当にありがとうございました。

セルギウスさんが百歳を超えられてもまだまだ元気なようにマリア様にお祈りします。一生懸命に。セルギウスさんのお手紙をコピーしてあの時の写真とコルベ神父様の写真を組み合わせて額に入れて娘が二つ作って、私に一つくれました。宝物にしようねと言っています。毎日毎日、それを眺めています。壁に飾って。

セルギウスさんはコルベ神父様を知っている人です。世界でも、数の少ない人だと思います。聖母の騎士修道院にとってはもちろん、世界的にもコルベ神父様のかたみとして大切な宝物のような方ですから、永く永く生きておられてコルベ神父様のことをたくさん人々にお話ししてあげてくださいね。私は長い時間お話しできて、ビデオまでいただいて、とても幸せでした。本当にありがとうございました。二冊目の本、早くできると嬉しいです。でも無理をしないでくださいね。

私は「神様、私を金持ちにせず、貧乏にもせず、神様にいただくパンで養ってください。」と祈ります。セルギウスさんの本のために私にできる程のお手伝いをさせてくださいね。

ここに少しだけ入れておきます。役に立てば、とても嬉しいです。またお手紙を書きます。読みにくい字でしょうけれど、少し我慢して読んでください。この次はローマ字で書けるように考えます。ありがとうございました。どうぞお元気でいてくださいね。また会う日までご機嫌よろしく、マリア。

二〇〇二年八月十三日　マリア　浜田艶子

八十二歳のお父さんも元気です。

＊　＊　＊　＊　＊　＊　＊　＊

敬愛してやまないブラザー・セルギウス・ペシェク様

たくさんのご本とお写真ありがとうございました。修道士様が〝とてもお若くてお元気〟なので、私は嬉しくほっといたしました。ボランティアのお嬢さんと若者に囲まれて、とても〝happy お幸せ〟なご様子、いつまでも元気でお長生きなさってくださいますようお祈りいたします。〝a small gift〟どうぞ。人々の心をうつご本がまたでき上がるのを楽しみにしています。ご本はいつまでも、この世の中に、そして人々の心の中に残って、素晴らしい宝物となります。ご立派な人生を歩んでいらしたコルベ神父様、セルギウス修道士様そして、多くの方々をお助けなさった方達を見習って生きるように努力します。いついつまでも、生きていらして私達のために道をお示しください。

たくさんの人々に修道士様のご本を読んでいただきたいです。このご本が〝世界が平和になる〟ための大きな力を発揮します。

感謝を込めて

二〇〇三年七月十日　やないファミリー

＊　＊　＊　＊　＊　＊　＊　＊

マリア

ブラザー・セルギウス・ペシェク様！

長い間、ご無沙汰をしてました。いつも、いつもブラザー・セルギウス様のことを思い浮かべながら暮らしています。そして、朝と晩の祈りの時、いつもブラザー・セルギウス様に感謝して祈ります。

聖母の騎士の本が届くと、後ろのページを開いて、ブラザー・セルギウス様のお知らせやお写真があると嬉しくて、何度も読んでいました。

二〇〇二年に私のおじいさんが病気で倒れてから、いつも世話に追われていました。

二〇〇三年八月号の「聖母の騎士」にペルーの皆様とブラザー・セルギウス様のお写真がありましたので、とても嬉しくなりました。

教えていただいたこと、〝いつもロザリオは体にさげてお祈りをすること〟忘れないようにしています。九十六歳のお誕生日を心からお祝い申し上げます！

そして、日本に来て下さったこと、七十年も日本に住んで下さって、心を込めて感謝いたします。

こんなに素晴らしいことはありません。

大好きなブラザー・セルギウス・ペシェク様

二〇〇三年七月十三日　ふじえだせつこ

＊　＊　＊　＊　＊　＊　＊　＊

マリア！　ブラザー・セルギウス・ペシェク様

お手紙ありがとう！　体調が悪いままなのですね…。心配しています。ブラザー・セルギウスからのお便りを読んで、より一層、ブラザー・セルギウスのことが心配になりました。文字を書くのも、文字を読むのもしんどいでしょう？どうぞ無理をしないでください。ブラザー・セルギウスからのお手紙が届くと、とても嬉しい!!　でも今は無理をしないでくださいね。体の調子が良くなるまで、無理して手紙を書かないでね。

私はブラザー・セルギウスにお手紙を書くけど、ブラザー・セルギウスは無理してお返事書かなくていいよ。

ブラザー・セルギウスの体調が良くなるなら、元気を届けるために今すぐにでも、長崎に行きたいです。

ブラザー・セルギウス！　マリア様がいつもともにいてくださいます。早くブラザー・セルギウスに会えるように。そして、早く元気になりますように。いつも、マリア様がブラザー・セルギウスの〝手〟を握り、〝体〟を包んでくださいますように!!

マリア様がともにいて、ブラザー・セルギウスを包みこみ、心を満たしてくださいますように。

大阪と長崎は離れているけど、心でいつもブラザー・セルギウスのことを思っています。

祈りをこめて、愛をこめて、マリア様とともに、いつもブラザー・セルギウスのそばにいます。

無理しないでね!!　またお手紙します！

二〇〇三年七月二十二日　まつばらともこ（大阪・あべの教会）

＊　＊　＊　＊　＊　＊　＊

ブラザー・セルギウス様

マリア！

お手紙ありがとうございました。

神様は「ともに喜びなさい」と言われますが、セルギウスさんが九十六才になられたことたいへん嬉しいです。

写真も見ました。介護ヘルパーさんと水浦神父様に囲まれて楽しそうですね。足が不自由になられたので部屋に皆さんが来てくださるのは神様、そしてマリア様、コルベ神父様からのプレゼントでしょう。

それもブラザーが長い間、世の中のためにポーランドにも帰らず、私たちのために働いてくださったからですね。

働き者のセルギウスさんにとって修道院の部屋に閉じ込められるのはつらいことでしょうが、こうして神父様や介護士さん、看護婦さん、ときにはお客さんが来られるのは楽しい時間だろうと思います。

時々、水浦神父様からブラザーの様子を聞かせていただいています。最近は、そちらに行くチャンスがないので、いろいろ想像しながら楽しくおしゃべりするブラザーを思いうかべています。

私も先月六十七才になりましたが、まだ働いています。むずかしい世の中になりました。

T・Oさんも手術をして元気になられたようですが、最近は会っていません。ブラザーのおかげで彼女も洗礼を受け、これからの人生をどう生きていくか見えるようになられたと思います。

信仰をもたないと苦しみを越えて行くことがむずかしくなりますから…彼女がブラザーに出会えたことは大きなことでしょう。

今年、エドワード神父様のお兄さんの神父様が叙階五十年金祝を迎え、今月初めにエドワード神父様もお祝いにフランスに行かれました。もう帰国されていますが、エドワード神父様も後二年で金祝です。

こうしてブラザーもエドワード神父様も日本人のために働いてくださることは、本当に感謝です。

水浦神父様も聖母の騎士誌にセルギウスさんのことを時々書いてくださるので多くの読者が思い出して感謝しているでしょう。孫のスミレも五才になりました。

とても可愛いです。

近くの保育園に通っています。時々、我が家に泊まることもあります。近ければブラザーに会わせることが出来るのですが、残念です。スミレは教会が好きで時々私たちとごミサにでます。お父さんが信者でないので洗礼は受けていませんが、大きくなったら自分で願うでしょう。では、又お手紙を差し上げます。毎日ブラザーの健康をお祈りしています。

二〇〇三年七月二十三日　安部淳一

＊　＊　＊　＊　＊　＊　＊　＊

†マリア

親愛なるブラザー・セルギウス・ペシェク様

お手紙をありがとうございました。

私のために一生懸命書かれたのですね。書き終わるまでに腕が疲れて辛かったことでしょう。感謝です。お具合が良くないと書かれてありましたが、弱気にならないでくださいね。

お祈りをいっぱいしてくださるセルギウスさんには、いつも感謝でいっぱいなのですから…神様にマリア様にコルベ神父様にしっかり届くお祈りをして下さるのですから、お祈りをお願いする人達があとをたたないのでしょう。

「お祈りは最大の武器です」とコルベ神父様もおっしゃいましたね。

こんな時代だからこそ、セルギウスさんのお祈りを必要とされるのです。

お体が思うようにならないので不安かもしれませんが、すべては神様のためと、頑張ってくださいませ。

一日でも、はるみが辛さを変わってあげられたらと思います。不安な中で水浦神父様や介護士達がそばにいてくれると思うと、心強く、ほっとしますね。毎日、セルギウスさんのために、祈りながらそばにいてくださる皆様のこともお祈りしています。

「聖母の騎士」八月号でセルギウスさんがペルーからのお客様にコルベ神父様のことを話されたという記事を読み、大変嬉しくなりました。

水浦神父様のおっしゃるようにまたご本を出版してみようと目的ができると、

元気になるのではないでしょうか？（ダメと言わずにやってみては？）

同じ長崎に住んでいれば、ミサに与り、セルギウスさんのお見舞いもできるのですが、ごめんなさい。また巡礼に出かけますので、それまで寝込んだり、入院することなどないように気をつけてください。

手作りのお菓子が好きとおっしゃるセルギウスさんのために焼きましたので、少しですが送ります。召し上がってね。水浦神父様はじめ皆様によろしくお伝えしてください。

愛をこめて。

二〇〇三年八月二十五日　宮川はるみ

＊　＊　＊　＊　＊　＊　＊　＊

親愛なるブラザー・セルギウス様へ
マリア！
こちらはすっかり秋になってしまい朝は寒いです。

お元気ですか。私たちは皆元気です。

川崎のエドワード神父様が九月にローマに行きましたが、その行く日に転んで足首を骨折してしまいました。

でも神父様は、ねんざと思い、そのまま成田に行きイタリアで足が腫れて病院に行き、骨折とわかったそうです。ギブスをしてもらい、そのままお祈りの集いに参加して帰国されました。

私には十月二十六日に神父様から知らされましたので次の日、浅田教会にお見舞いに行きました。

二階の神父様の部屋から階段をドタンドタンと杖をつきながら降りてこられましたが、元気でした。ギブスの先から足の指が出ていて全部動きますので順調に回復されているようです。あと十日程でギブスもはずせるようですから安心してください。

エドワード神父様は、二年後平成十七年六月五日に司祭叙階五十年、金祝を迎えられます。それで今から教会の信者さんがお祝いの用意をされているそうです。

そして神父様も記念の本を出します。

もう少しでセルギウスさんも百才、日本に来て本当に私たちのために働いてくださったこと感謝です。

聖コルベ神父様もお喜びになられているでしょう。

孫のスミレも大きくなりました。五才です。近くの保育園に通っています。運動会などの行事があると私も、おじいちゃんですので行きます。

セルギウスさんのことは、時々、水浦神父様から話を聞きます。この前、送ってくださった写真の介護ヘルパーさんたちと、毎日楽しい話をしていることでしょう。

最近、修道院へ行ったことがないので様子がわかりませんが、朝のお祈りにエレベーターで聖堂まで行かれると聞きました。足が腰が痛いとたいへんでしょうね。百年近く使ってきた体ですから、油が切れたのかもしれません。私たちは機械ではないので…でも、どんな機械も百年は動かないから人間はすばらしいと思います。

ポーランド語を教えていると聞きました。それは良いことと思います。頭を使うことは一番体に良いことです。この手紙を読んでくれたら嬉しいです。どうぞ毎日体を大切にして長生きしてください。毎日お祈りしています。

二〇〇三年十月二十九日　安部淳一、友江

＊　＊　＊　＊　＊　＊　＊　＊

セルギウス・ペシェク修道士様

†マリア

親愛なるセルギウス・ペシェク修道士様、ご無沙汰をしてしまい、ごめんなさい。過日にはお写真をたくさんいただきありがとうございました。（とても嬉しいです）。たくさんの若いヘルパーさんたちに囲まれて、セルギウスさんが輝いて見えます。素敵ですね。水浦神父様もご一緒で、セルギウスさんのサポートをして下さる方が全部集合されたのですね。お元気な写真を見て安心いたしました。（お祈りも届いたのですね。）十月十八日のロザリオ祭は家族の検査入院と重なってしまい、行くことが出来ませんでした。待っていて下さったのですか？

六十を過ぎたおばあちゃんの訪問を心待ちしてくださっていたなんて感謝で

す。来年のルルド祭には、長崎のお友達と巡礼にきっと行きます。セルギウスさんは素晴らしい町を歩んできた方なので、うちに秘めたるものが私たちとは違います。素敵です。コルベ神父様が信頼を寄せていたセルギウスさんは特別なのですね。「こどもよ」と、天からコルベ神父様がいつもお声をかけて見守って下さっているでしょう。

水浦神父様のお勧めでもう一冊ご本を書かれる予定とか…。すごいことですね。

内容の中に、私からの手紙も一、二、載せたいとのお申し出にびっくりしました。公になると思っていませんでしたので、載せられるような手紙があるでしょうか？ 拙い文章でもセルギウスさんのお役に立つようでしたら、どうぞお使いください。

どうか水浦神父様によろしくお伝えください。

お菓子などささやかなもの、お届けします。セルギウスさんのママもお菓子をいろいろ作られたでしょう。ママのようにはいきませんが召し上がってくださいね。

寒さに向かいますが、風邪を引かないように気をつけてお過ごしください。

祈りをこめて

二〇〇三年十月三十一日　宮川はるみ

＊　＊　＊　＊　＊　＊　＊

ブラザー・セルギウス様

†主の平和

本とお手紙をありがとうございました。諸聖人の祝日にミサから帰ったら届いていました。

急いで封を切ってお手紙を読みました。そうして急いで『コルベ神父様の思い出』を読みました。

読み始めると止まらなくなりました。ブラザーがコルベ神父様のことを書いている時、そして、本河内の聖堂でお話しになったとき、私はブラザーがどれ程コルベ神父様のすべてが好きだったかわかりました。そして、それはコルベ神父様がブラザーをこの上なく大きな愛で包んでいたからだとわかります。コルベ神父様の愛はマリア様の愛から出ているのが、読んでいてとてもよくわかります。

私もすべてをマリア様に委ねていますので、いつもマリア様に頼みます。そして、マリア様はすぐに聞いて、イエス様に取り次いでくださいます。

『コルベ神父様の思い出』を読んだ後、〝何と素晴らしい修道生活でしょう！〟と感激しました。

私が長崎でブラザーにお会いした時、私は五月にポーランドに旅行してワルシャワの近くのコルベ神父様の資料館と教会でたくさんの資料や写真を見せてもらい説明してもらったので、日本に帰ったら、必ず長崎の本河内に行くことになったことを、お話ししましたが、マリア様が私をブラザーに会わせてくださったとわかります。やさしいマリア様、私のおかあさんのマリア様は私の知らない間にまだお願いしていない間に必要なことを準備してくださいました。ちょうど、カナの婚礼のぶどう酒の話のように！

ブラザー、本当にありがとうございました。〝新しい本〟ができましたらぜひ、送ってください。早くできますようにマリア様にお祈りして待っていましょう。
お元気でいてくださるように。祈りながら。

二〇〇三年十一月三日　マリア・テレーズ　河端経子

＊　＊　＊　＊　＊　＊　＊

†マリア
親愛なるブラザー・セルギウス様
ご無沙汰いたしましたが、その後お変わりありませんか？
だいぶ寒くなりましたね。十一月にいただいたお手紙はしばらく私の祭壇の恩人の写真の前に、飾っておきました。（恩人に届きますように…）
私の恩人のために、歩行器を押し、お御堂に出かけ、祈ってくださるセルギウスさんの誠実さが嬉しくて涙があふれ出てとまりませんでした。「恩人のために祈ってください」とお願いしたことを忘れずに、祈り続けてくださったのですね。
ありがとうございます。

「聖書にあるように、地の塩となるような生き方をしたい」といった恩人のようにはいきませんが、セルギウスさんもお祈りしてくださるのですから、私も頑張らなければ…と思います。

「聖母の騎士会会報」十二月一日発行が送られてきましたが、投稿された二人のかわいいお嬢さんと一緒に写るお元気そうなセルギウスさんを見つけ、嬉しくなりました。

会報をいただいた皆さんも私と同じ気持ちだったことでしょう。

セルギウスさんがお元気でいてくださることは、私にとっても最高の喜びです。

水浦神父様は、手首を痛められたそうですが、腱鞘炎《けんしょう》になったのでしょうか、それとも骨折？　と心配しています。「お大事に」とお伝えください。

この手紙はちょうどクリスマスにお手元に届くと思いますが、イエス、マリア、ヨゼフを思いながら、よいクリスマスをお迎えくださいますように、お祈りしています。風邪をひかないように、気をつけてくださいね。祈りをこめて

二〇〇三年十二月二十一日　宮川はるみ

＊　＊　＊　＊　＊　＊　＊　＊

拝啓、雨が続いて、春だというのにまだ寒い日々が続いておりますが、いかがお過ごしでしょうか。

さて、本日はたくさんお話をうかがうことができ、いろんないみでコルベ神父様を身近に感じることができました。これは本当にさまざまな「見えない力」によるものでありますが、セルギウス様にお会いできたことは大きいです。ありがとうございました。

帰京したらもう一度『ながさきにおけるコルベ神父』をよみかえし、そして私に下さいましたセルギウス様のご著書を精読したいと思います。

セルギウス様のお話の中に、赤羽の教会は建築が美しいという評判をきいたことがあります。以前、テレビドラマのロケで使われたぐらいの美しい教会だと。私は近くを通ったことしかありませんが、いつか訪れてみたいと思います。

あのあと、私は太田様のすすめにしたがってコルベ資料館をみせていただき、そしてルルドにも行くことが出来ました。ルルドはなんと美しい泉なのだろう！

と思いました。

私は今日初めて長崎に来ました。長崎に旅行に行こうと思ったのはお話ししましたように、私の友人からコルベ神父様関係の本をもらったからです。「何となく」来てしまったのです。（スミマセン！）

そして、カトリック中町教会で辻様に声をかけられ、車にのせていただき、聖母の騎士修道院に来てしまい、太田様、ブラザーの高原様のお力添えがあり、セルギウス様と長い時間お話をすることが出来ました。私は今日ほど、マリア様の不思議な力を感じたことはありません。また、コルベ神父様にもほんの少し、親しみを感ずることが出来ました。お御堂の肖像画をみていると、神父様がツカツカと歩いてきて、お仕事の指示をされそうに私には見えてしまうのです。

さて、私は洗礼こそ受けていないものの、カトリックに興味をもっています。だから今後も自分なりに勉強していきたいと思います。

セルギウス様を見習って、何事も三日坊主にならぬよう生きていきたいと思います。

セルギウス様、たくさんのお話を聞かせて下さって誠にありがとうございました。

た。私もせめて日本各地はひととおりまわりたいとは思いますが、長崎にはまた来たいなと思います。また、その折にはセルギウス様のお話をたくさん聞かせていただきたいと思います。どうかくれぐれもお体には気をつけて下さいませ。

かしこ

二〇〇四年三月二十一日　寺村綾子

セルギウス・ペシェク様

追伸：近く出版予定のご著書、楽しみにいたしております。

《セルギウス・ペシェク (Br.Sergiusz pensiek) 》

コンベンツアル聖フランシスコ修道会修道士。

1907年7月14日、ポーランド生まれ。1928年7月、コルベ神父の創立したニエポカラヌフ（無原罪の聖母の園）修道院に入る。1931年9月、長崎・聖母の騎士修道院へ派遣される。1932年7月、終生誓願。1936年5月まで、コルベ神父と生活をともにする。

2010年12月16日帰天。

著書に「超えて来た道」「無原罪の聖母」（聖母文庫）がある。

コルベ神父さまの思い出
セルギウス・ペシェク

2016年2月25日　初版発行

発　行　者●赤　尾　満　治
発　行　所●聖母の騎士社
〒850-0012 長崎市本河内2-2-1
TEL 095-824-2080/FAX 095-823-5340
E-mail: info@seibonokishi-sha.or.jp
http://www.seibonokishi-sha.or.jp/

製版・印刷●聖母の騎士社
製　　　本●隆成紙工業

Printed in Japan
落丁本・乱丁本は小社あてにお送りください。送料は小社負担にてお取り替えします。
ISBN978-4-88216-365-7 C0116